LA MALÉDICTION D'ÊTRE FILLE

Dominique Sigaud est grand reporter, écrivain, essayiste et auteure d'une vingtaine d'ouvrages salués par la critique. Elle a reçu le Prix de l'Association des femmes journalistes en 1996 pour son travail sur le Rwanda ainsi que le Grand Prix de la SGDL 2018 pour l'ensemble de son œuvre. Prix des Droits de l'homme en 2019 pour *La Malédiction d'être fille*, elle a préfiguré à Nancy en 2020 le premier observatoire pilote des violences sexuelles sur mineurs.

DOMINIQUE SIGAUD

La Malédiction d'être fille

ALBIN MICHEL

ISBN : 978-2-253-93471-4 – 1re publication LGF

À Mary,

À JCM,
merci.

Ma petite est comme l'eau, elle est comme l'eau vive
Elle court comme un ruisseau, que les enfants poursuivent
Courez, courez vite si vous le pouvez
Jamais, jamais vous ne la rattraperez

Lorsque chantent les pipeaux, lorsque danse l'eau vive
Elle mène les troupeaux, au pays des olives
Venez, venez, mes chevreaux, mes agnelets
Dans le laurier, le thym et le serpolet

Un jour que, sous les roseaux, sommeillait mon eau vive
Vinrent les gars du hameau pour l'emmener captive
Fermez, fermez votre cage à double clé
Entre vos doigts, l'eau vive s'envolera

Comme les petits bateaux, emportés par l'eau vive
Dans ses yeux les jouvenceaux voguent à la dérive
Voguez, voguez demain vous accosterez
L'eau vive n'est pas encore à marier

Pourtant un matin nouveau à l'aube, mon eau vive
Viendra battre son trousseau, aux cailloux de la rive
Pleurez, pleurez, si je demeure esseulé
Le ruisselet, au large, s'en est allé.

Guy BÉART, 1958

Préface

S'en prendre aux filles, sur tous les continents, en toute impunité, est le signe majeur, persistant malgré les siècles, d'un vieux monde accroché à ses privilèges de domination des corps, des sexes, des désirs, des projets, de l'avenir des mineures par des figures masculines, paternelles, familiales, claniques, religieuses, politiques, incapables de remettre en cause des ordres assurant leur suprématie et trouvant là de quoi assouvir des désirs sans partage.

Le monde contemporain tue des centaines de milliers de filles à la naissance sans que personne y trouve rien à redire. Des millions de filles sont violées chaque jour partout dans le monde dès le plus jeune âge sans que les puissants crient « Halte, là ! ».

Les filles sont les êtres les plus faciles sur terre à malmener, déposséder de tout, tromper, tuer, violer, mutiler, prostituer. Elles sont naïves, crédules. On leur a appris à obéir, se taire, attendre le prince charmant, être l'objet du désir des hommes, assister leurs parents, mari, enfants ; on leur a fait savoir le prix à payer en cas de désobéissance.

L'affaire semble classée.

À un détail près : les filles aussi ont le sens de leur honneur.

Depuis des siècles, on leur fait savoir que l'honneur de leurs père, mère, famille, clan, dépend de leur tenue, comportement, virginité, alors même que ces adultes leur imposent des actes déshonorants comme l'inceste, la prostitution, le mariage forcé, le viol, la traite, l'esclavage.

Depuis des siècles, on leur dit qu'elles sont des menteuses, des hystériques, des mal élevées, des affabulatrices, dès qu'elles osent se plaindre à haute voix des malheurs qui leur sont faits ; on les menace d'exclusion, de rejet. Elles le savent.

Venir à bout de ces injonctions et menaces demande courage, ténacité, patience, temps.

C'est en marche.

De nouvelles générations de filles apparaissent, partout dans le monde, se rendent visibles, prennent la parole, fuient les conditions d'enfermement qui leur sont faites, luttent, devenues adultes, contre ces conditions, créent des associations pour les combattre. Ces nouvelles générations disent défendre leur honneur. Elles en ont assez qu'on décide de leur corps, de leur sexe, de leur avenir, de leurs enfantements, de leurs carrières, de leur existence.

C'est un mouvement en marche, partout. Mais il se heurte à d'intenses résistances.

En avril 2020, par exemple, le nouveau gouvernement soudanais a officiellement interdit les mutilations sexuelles, dans un pays où elles touchent 90 % des filles. La victoire est à mettre au crédit des femmes ayant participé très activement au changement de régime dans ce pays quelques mois plus tôt. Mais dans le même temps, au Tchad, l'Église catholique et la Commission nationale des droits de l'homme ont alerté sur la remontée catastrophique de l'excision dans le pays, alors même qu'elle y a été interdite. En décembre de la même année, quatre ONG ont aussi attaqué l'État malien, qui refuse encore d'adopter une loi interdisant les mutilations.

Le droit change peu à peu malgré tout. Mais les pratiques évoluent encore bien trop lentement au regard des souffrances infligées.

En France, pays lourdement touché par l'inceste et les viols sur mineurs, le mur de silence imposé depuis des décennies semble commencer à se rompre avec la parution en janvier 2021 de *La Familia grande*, livre dans lequel Camille Kouchner, fille d'un ancien ministre, dévoile l'inceste commis sur son frère jumeau par son beau-père Olivier Duhamel, politologue réputé, très proche des cercles de pouvoir. Beaucoup de gens savaient. L'élite est pour la première fois mise en cause publiquement. Des milliers de témoignages affluent alors sous le hashtag #MeTooInceste. L'État promet des changements. Le président de la République lance aux victimes : « Vous n'êtes plus seules. » Plus muettes, en tout cas, c'est une certitude, pour des milliers d'entre elles.

Raisons d'espérer, raisons de s'inquiéter. La pandémie de Covid-19 affectant le monde depuis 2019 est venue aussi redire de façon parfois dramatique que le statut et la sécurité des filles souffrent toujours plus que toute autre catégorie des périodes de crise. Partout le confinement a renforcé les violences intrafamiliales. Dans les régions les plus pauvres, la prostitution forcée des mineures a été exacerbée par les chutes de revenus. Au Kenya et dans d'autres États africains, les mutilations sexuelles ont dramatiquement recommencé à augmenter ainsi que mariages d'enfants et mariages forcés.

Il est urgent, indispensable, que la communauté internationale prenne réellement conscience des violences qu'elle laisse perpétrer contre ses filles. L'inceste et les viols ont lieu partout, dans toutes les régions, les religions, les civilisations. Habitude maudite qui contraint les filles à se soumettre dès leur plus jeune âge à des désirs contraires aux leurs, dominateurs, empêchant de grandir dans le sentiment si fondamental de la sécurité d'un honneur à soi, reconnu.

Inverser le cours des choses est à notre portée. Que les filles soient non pas éduquées à devenir désirables mais à bâtir leur existence sur des désirs singuliers leur appartenant. Que les filles ne soient plus considérées comme responsables par leur vertu de l'honneur de leurs familles et clans mais que familles et clans honorent leurs filles. Une fille désirant et honorant sa propre existence. Que vouloir de meilleur ?

Mary

Je rencontre Mary au Sud-Soudan, en mars 1994, pendant la guerre civile avec le nord du pays. Des paysans dont les villages ont été bombardés se sont rassemblés dans un désert de cailloux. Un instituteur y a mis en sécurité les enfants récupérés le long de leur fuite.

Parmi eux, Mary. Elle a 7 ou 8 ans, ne sait pas exactement, porte une robe orange sans manches, rien d'autre. Son village a été détruit, ses parents, tués, ainsi que ses frères et sœurs. Elle a été récupérée par des adultes, emmenée dans un premier « camp », juste une zone aride à l'abri des attaques. Le camp a été bombardé à son tour. Elle a dû fuir une seconde fois. Elle est bien là pourtant, droite, nette. Elle n'a rien avec elle, ni famille, ni maison, ni chaussures, pas un objet.

Alors je lui demande : « Qu'est-ce que tu voudrais, si je pouvais te donner maintenant ce que tu veux ? » Elle ne réfléchit pas, ses yeux sont plantés dans les miens : « Je voudrais un cahier et un crayon. » C'est ce que j'ai dans les mains, mes outils de travail, un cahier de brouillon, un crayon de papier. Je suis sidérée, je pensais qu'elle allait me dire : Je voudrais une maman, une maison, des chaussures. « Pourquoi veux-tu ça ? » La réponse fuse une seconde fois. « Parce que je veux être comme toi. Je veux lire et écrire. Je veux aller à l'école. »

J'ai donné mon cahier et le crayon à Mary. J'ai mis des mois à comprendre sa réponse, des années peut-être. Elle voulait la seule chose qui la sauverait de toutes les situations, que personne ne pourrait jamais lui prendre, et être comme moi plus tard, avec un cahier et un crayon ; elle voulait le savoir, la liberté, l'autonomie. C'était son désir de fille.

Je crois que c'est parce que j'ai rencontré Mary il y a plus de vingt ans que je fais ce travail aujourd'hui. Je n'ai jamais oublié notre rencontre. Je ne savais pas qu'on pouvait avoir tout perdu à ce point et quand même vouloir précisément et simplement exister. Pas survivre mais être là, quelqu'un, savoir, penser, dire. Je le sais maintenant. Être une fille. Avoir ce désir d'exister, apprendre, grandir, se développer, plus tard être une femme. Faire ce qu'on a à faire comme fille, avant, d'abord, son travail de fille, son monde et ses désirs de fille.

Mary est au cœur de ce livre. Je ne sais pas si elle est vivante. Je ne sais pas si on lui a cousu le vagin à vif comme à 60 % des filles de son pays. Je ne sais pas si elle a été violée ou agressée sexuellement comme une fille sur deux au Soudan du Sud. Je ne sais pas si on l'a mariée mineure contre son gré comme 52 % des filles de son pays. Peut-être a-t-elle au contraire été protégée par l'instituteur, prise en charge par une ONG ou l'ONU, mise à l'école.

Les enfants comme Mary sont des millions. Elles sont comme notre part la plus cachée, secrète. Ces enfants sont essentielles. Nous en avons besoin. Elles font le monde, le préparent, le composent, le rénovent, le recousent si nous les aidons à le faire, les y accompagnons.

Je dois plus à Mary encore que je ne le crois. Que ce livre autant que possible lui restitue la part qui lui revient.

Les violences faites aux filles dans le monde

Fœticide. Filiacide. Inceste.
Mutilation sexuelle. Mariage d'enfants.
Viol. Traite. Esclavage domestique.
Esclavage sexuel.
Prostitution. Meurtre dit "d'honneur".

1 fille sur 5 dans le monde subit des violences sexuelles avant 18 ans, en Occident comme ailleurs.

Dans certains pays, la proportion est de 1 sur 3, voire 1 sur 2.

Tous les ans, 1 fille sur 10 dans le monde est victime de viol ou d'autres actes sexuels forcés.

En France, 40 % des viols et tentatives de viol déclarés concerneraient des mineures de moins de 15 ans.

Au Royaume-Uni, 21 % des filles de moins de 16 ans (1 sur 5) ont été victimes d'abus sexuels.

Personne ne sait combien de filles dans le monde sont soumises à l'inceste, on sait juste que jusqu'à 21 % des femmes dans certains pays ont signalé avoir été victimes d'abus sexuels avant 15 ans, 1 sur 5; une grande partie de ces abus sont incestueux.

À force de fœticide (supprimer le fœtus) et de filiacide (tuer sa propre fille), 160 millions de filles manquent en Asie, ce qui en fait le continent le plus masculin du monde.

Pour la première fois en 2016, le Centre asiatique pour les droits de l'homme a évalué à environ 1,5 million les fœtus féminins éliminés chaque année en raison de leur genre.

Personne ne sait combien de mères sont forcées chaque année de tuer leur fille de leurs propres mains, personne n'a encore cherché à le savoir; elles sont des centaines de milliers.

Il meurt chaque année de malnutrition et mauvais traitements plus de 1 million de bébés filles qui auraient survécu si elles avaient été des garçons.

Plus de 200 millions de filles dans le monde sont victimes de mutilations sexuelles (clitoris et lèvres coupés), 66% des 12 millions de Soudanaises sont infibulées (vagin cousu).

60 millions de filles sont victimes de violences sexuelles à l'école et sur le

chemin de l'école, 12 % des filles (1 sur 9) sont mariées avant l'âge de 15 ans.

100 000 enfants sont victimes de traite sexuelle aux États-Unis.

Les mineures représentent plus de 20 % des victimes d'exploitation sexuelle forcée.

Nommer les violences

Dans ce travail particulièrement, nommer correctement est une nécessité. Sans mot adapté, identifier une violence est d'emblée plus difficile. Lui attribuer un nom est aussi permettre à la victime de dire ce qu'elle a subi, d'en faire le récit. C'est d'autant plus vrai que la plupart de ces atteintes sont l'objet de tabous, silences, méconnaissance.

Filiacide : il m'a semblé essentiel, vu l'ampleur des meurtres commis à la naissance sur les bébés filles, parce qu'elles sont des filles, que cet acte porte un nom le désignant en tant que tel, ce que ne permettent ni infanticide ni filicide.

Seul filiacide, créé à partir du *filia* latin, désignant la fille dans une filiation de parent à enfant, signifie exactement « meurtre de sa propre fille ».

Fémicide : deux mots existent en français comme en anglais pour désigner le meurtre d'une femme parce qu'elle est une femme, fémicide et féminicide. J'emploie le premier, pour des raisons de simplicité essentiellement. En entendant fémicide, on entend « meurtre de femme ».

Incester : l'inceste habituellement n'est employé que sous sa forme nominale. Le nom commun désigne le crime : commettre l'inceste. Ce travail m'a en quelque sorte obligée à en faire un verbe. Ainsi, d'une fille, au même titre qu'elle est violée, je tiens à ce qu'on puisse dire qu'elle est incestée.

Il me semble que, dans les récits que les victimes sont amenées à en faire, ce mot peut aussi leur être utile, leur permettre de dire « j'ai été incestée », « je suis incestée ». Ainsi également apparaît plus clairement, derrière, me semble-t-il, l'auteur du fait, celui qui inceste.

Introduction

Malédiction d'être fille ?

> « Quand le soir est venu, mes tantes m'ont emmenée dans la chambre, elles m'ont déshabillée et mise sur le lit. Puis elles m'ont attachée, en ouvrant bien les jambes et en liant ensemble chevilles et poignets du même côté. On ne peut plus fermer les jambes. Ensuite elles sont parties. Plus tard, il est venu. Quand il est reparti, satisfait, les femmes de la famille ont poussé les youyous car j'étais vierge et on a tiré des coups de fusil. »
>
> Françoise HÉRITIER,
> in *Ces yeux qui te regardent*
> Témoignage de M., marocaine.

En France, au Kenya, en Angleterre, en Chine, aux États-Unis, au Paraguay, en Italie, au Maroc, en Syrie, être une fille, courir pieds nus, aimer le dehors, le soleil sur la peau, la pluie, aller à l'école, au collège, au lycée. Apprendre, rire de rien, jouer, chantonner, imaginer, regarder faire les plus grandes, dire plus tard je serai ceci, plus tard je ferai cela, s'inventer des mondes, savoir qu'ensuite c'est différent, être une femme, mais qu'on a le temps encore avant ça ; ne penser à son corps que pour courir, grimper à la corde et faire des roulades, ne penser à l'amour que comme à quelque chose à venir, s'imaginer un métier, des enfants, un mari ou pas du tout, plutôt des voyages, des diplômes, des responsabilités. Savoir que c'est pour après, quand on est femme. Qu'être fille n'est pas être femme.

Être fille, se voir pénétrer le soir n'importe où dans le monde sans pouvoir rien dire, toucher, déshabiller par un père disant : C'est parce que je t'aime, un homme disant : C'est parce que tu as l'air si gentille, un professeur disant : C'est parce que tu es ma préférée, un mari disant : C'est parce que je t'ai achetée, un étranger disant : C'est parce que j'ai payé. Être fille, se voir écarter les jambes de force sans pouvoir rien faire par des adultes disant : C'est pour ton bien, en tranchant le clitoris et les lèvres du bas. Se voir imposer de telles violences, devoir les taire, presque les faire siennes. S'entendre dire que c'est normal ; qu'être une fille, c'est comme ça.

Ce sont deux récits. Les deux décrivent à parts égales ce qu'est une fille. Ils sont contemporains. Une fille dans la communauté humaine du XXIe siècle peut un jour être décrite par l'un ou l'autre.

Ce sont des récits que tout oppose. Une fille peut connaître l'un puis l'autre. Le second est un récit imposé. Aucune fille ne le fera jamais de sa propre initiative. Le second annule le premier. Aucune fille ne le désirera jamais pour elle-même. Des dizaines de millions pourtant s'y retrouvent décrites, contraintes. Le second est celui d'une fille privée de la liberté d'être fille.

Être une fille est pourtant, comme pour tout être humain, être libre de faire de soi le récit que l'on veut, qui dit je suis ceci, une princesse, une fée, un oiseau, une élève studieuse, plus tard je serai cela, un docteur, une aventurière, une maman, qui change au fil des ans, évolue, dessine peu à peu un avenir, et que le récit justifiant les violences interrompt brutalement.

Mon livre aussi est un récit, celui des violences faites aux filles à travers le monde. Je l'interpose entre les deux premiers. Je l'oppose à celui attaquant les filles. Mon récit vient le contredire, le contester.

Être forcée d'intégrer à propos de soi un récit justifiant d'être soumise à de si grandes brutalités pour la simple raison qu'on est par hasard née fille n'est pas supportable ; être obligée à penser « il est normal que cette violence me soit faite ».

Les filles sont de tous les êtres humains sur terre les plus vulnérables, les plus attaqués, menacés, mis en danger. Le temps de lire ces pages, des centaines d'à peine nées seront tuées de diverses façons parce que personne n'en veut, qu'il faut mettre au monde des garçons. Des milliers de mères se feront avorter parce qu'elles portent une fille, sinon elles seraient chassées de chez elles. Des milliers de filles, y compris dans nos maisons les plus chics, seront incestées, abusées par leur père, leur oncle, leur grand-père simplement parce qu'ils en ont eu envie. D'autres seront mariées, parfois avant d'avoir eu leurs règles, à des hommes de dix, vingt ans leurs aînés et ce mariage sera consommé cette nuit et les suivantes. Certaines se suicideront. La plupart se plieront comme on l'a exigé d'elles depuis leur naissance. Leur premier enfant viendra quelques mois après. Certaines en mourront.

Le temps de lire ces pages, des centaines de filles seront plaquées au sol ou sur une table, jambes écartées, et une femme viendra raser le haut de leur clitoris ou tout entier et les lèvres du sexe. Elles hurleront parce que la douleur est atroce. Aucune ne portera plainte. Des milliers encore seront violées sur le chemin de l'école, à l'école, dans leur maison, ou n'importe où ailleurs. En France aussi, partout en Occident. Certaines comme aux États-Unis devront ensuite épouser l'homme qui les a violées. À peu près aucune ne portera plainte. D'elles, on n'entendra pas parler. Elles n'auront à peu près aucune possibilité de se rebeller contre leur sort, de le refuser. C'est aux adultes de le faire pour elles.

Fémicide, inceste, culture du viol, filiacide, mariage d'enfants, fœticide, mutilations sexuelles, prostitution, esclavage sexuel : la violence faite aux filles est un invariant de l'histoire humaine et une réalité terriblement contemporaine. Ce sont des faits. Des actes. Tous les continents sont touchés, toutes les civilisations, cultures, religions, classes sociales. D'autant plus terribles qu'ils s'accompagnent de discours les justifiant. Qu'ils sont le fait d'adultes ayant autorité sur ces mineures et sont l'objet de dénis puissants.

Il faut parfois mettre bout à bout pour voir. Être capable de tout regarder. Quand on met bout à bout les violences faites aux filles alors que naît le XXIe siècle et non pas le IIe, quand on les regarde sur tous les continents, dans les campagnes et les villes, chez les très pauvres et les riches, les noires, jaunes, blanches, rouges et toutes les autres, chrétiennes, musulmanes, bouddhistes, athées, on comprend qu'il se passe quelque chose. Qu'à la surface de la terre court une sorte de peste obligeant les filles à la prostitution, à l'humiliation, à la dépendance extrême, à l'impossibilité de se doter d'un corps, d'une voix, d'une existence à soi, pour soi, en son nom propre.

C'est maintenant à Bombay et à Paris, au Texas et au Mexique, en Chine et en Arabie saoudite, en Égypte et tout au long de l'Afrique. Ça empire dans certains pays, même si d'autres font leur possible pour que ça s'amenuise. Ça se compte en centaines de milliers de mortes, de sexes brutalisés, de viols. C'est quotidien. C'est tabou encore le plus souvent. Sous le manteau. Dans le secret.

Ça doit voler en éclats. S'arrêter. Se repenser. Se dire. Se savoir. Se faire connaître. Se dénoncer. Se comprendre. Se soigner. S'arrêter.

Ça fait beaucoup de mal aux filles, à leurs mères, à leurs frères, à nos sociétés, à notre avenir. Ça installe dans les esprits que la fille ne vaut rien, on peut lui faire ce qu'on veut, la marier enfant avec un quinquagénaire, couper son clitoris, en faire une esclave sexuelle, de toute façon elle aura si peu la liberté de se révolter. D'où ces viols collectifs dans des pays où la fille est éliminée dès avant la naissance. D'où, plus tard, les brutalités contre ces filles devenues femmes.

Le tout début de ce projet est né de l'affaire Weinstein, ce producteur hollywoodien très puissant qui profitait de sa position sociale pour abuser sexuellement d'actrices depuis vingt ans sans qu'elles aient jamais osé le dire. Ça ne se passait pas dans un village reculé de l'Inde mais à propos de femmes américaines éduquées, aisées, autonomes financièrement, a priori capables de se défendre.

Cette affaire révélait quelque chose d'un système au sein des rapports entre hommes et femmes favorisant la prise de possession physique, sexuelle et donc aussi émotionnelle des uns sur les autres. Une disparité. Un déséquilibre. Abuser de sa position dominante pour obtenir les faveurs sexuelles de femmes ne le désirant pas.

Alors, des milliers d'autres femmes ont commencé à dénoncer les abus qu'elles aussi avaient subis. J'ai été frappée d'entendre revenir contre elles les éternelles attaques disant elles mentent, elles accusent des innocents, ce sont des affabulatrices. Il se trouve que mon père avait utilisé exactement les mêmes contre moi, mot pour mot, quand j'avais enfin osé lui demander, vers 50 ans, jusqu'où était allée concrètement cette « attirance charnelle pour toi, enfant », qu'il m'avait avouée dix ans plus tôt – et que par chance j'avais notée dans un carnet. Il m'avait répondu que cette phrase n'était jamais sortie de sa bouche, que j'étais une affabulatrice, une menteuse, une déséquilibrée. J'en avais été très affectée. J'avais même commencé à le croire. À douter de moi.

Quand j'ai entendu comment certains traitaient les femmes osant témoigner de leurs agressions, je n'ai pu que faire le lien. Le hasard veut que mon père soit mort à ce moment-là. J'ai appris qu'il m'avait exclue du bénéfice de ses assurances-vie, importantes. Parce que je m'étais opposée à lui. Personne dans ma famille n'y a trouvé à redire, n'a eu un mot à mon endroit. Le patriarcat veut ça, le système de prédation qu'il engendre parfois, la peur et les lâchetés qu'il instaure, le coût exorbitant qu'il impose à tout individu masculin ou féminin tentant de contrevenir à son ordre.

Durant l'affaire Weinstein, enfin, au cours d'un reportage à Marseille, j'ai découvert l'histoire d'une Française d'origine comorienne excisée en France après son mariage, le clitoris tranché parce que son mari en avait décidé, que cette femme ne pouvait s'y soustraire, se retrouvait piégée, sans emploi, sans diplôme, dépendant financièrement et socialement de lui.

Je me suis intéressée, de là, aux mutilations sexuelles, dont je ne savais rien, malgré des années de reportages dans des pays les pratiquant. J'ai découvert leur ampleur, les milliers de filles mutilées dans des circonstances effarantes, par terre, avec un rasoir, privées de cet organe de plaisir. Je me suis posé à partir de là la question des autres violences. Je n'en suis pas revenue.

C'est de cette manière qu'est né ce travail, quand j'ai découvert leur ampleur, leur universalité, ce que ça fait aux filles partout, y compris en Occident. Qu'on voie enfin de quoi il s'agit. Le système. La prolifération. L'absence de savoir général aussi ; souvent aucune statistique mondiale, sur certains sujets aucune statistique nationale.

Ce n'est pas un hasard. Un savoir manquant n'est jamais un hasard, plutôt un symptôme de ce qu'on ne sait pas voir. De ce qu'on ne sait pas comment voir. De ce qu'on ne veut pas savoir.

Comment ai-je pu si longtemps ignorer tout ça ? Comment a-t-on pu laisser les violences s'étendre à ce point ? Comment se fait-il qu'en 2019 des milliers de filles soient éliminées, ou le sexe tranché ou violées impubères par des hommes de vingt ans leurs aînés le plus « légalement du monde », ou vendues ou esclaves domestiques et sexuelles aux États-Unis, en Inde, en Arabie saoudite, au Guatemala ? Comment se fait-il que cela ne fasse pas plus de bruit ? Pourquoi la violence faite aux filles n'est pas devenue un objet d'étude historique ? Pourquoi la plupart des chiffres sont-ils au-dessous de la réalité ?

Pourquoi un pays riche et développé comme la France manque-t-il à ce point d'études dignes de ce nom sur l'inceste, le viol des mineures et leur prostitution ? Pourquoi, sinon cet ordre reposant sur la domination, écartant le légitime désir des filles, niant que ce désir leur appartienne en propre, comme aux hommes.

Qui a déjà vu une enfant libre de ses mouvements, questions, paroles, joies, jeux, désirs, impulsions, intuitions, étonnements, apprentissages, émotions, sentiments, imaginations, raisonnements, sait de quoi je parle.

Dans tous les pays, de très jeunes filles dotées de personnalités singulières ont choisi de s'opposer au sacrifice qu'on tentait de leur imposer. Certaines, nous les connaissons, venant d'Afghanistan, du Bangladesh, d'Inde, de Syrie. La plupart, nous ne savons rien d'elles. Il nous revient de soutenir leurs actes de bravoure. De rendre hommage à toutes celles et ceux qui font en sorte que cela change, alertent, énoncent, éduquent. Des hommes aussi évidemment, des pères parfois, découvrant à travers leurs filles les violences auxquelles on les condamne, s'y refusent, pour elles. Leur rendre hommage fait également partie de ce travail.

Être une fille, être en vie, aimer ça, désirer tant de choses pour maintenant et plus tard, de chimères, de faux rêves et de vrais, de courageux combats, illusions et doux espoirs.

Laisser chaque fille développer son propre récit, le reprendre, le refaire, le recommencer.

Ne pas l'interrompre brutalement, violemment, comme s'il ne valait rien.

*

Écrire ce livre ne se résume pas entièrement à écrire ce livre. C'est aussi une invitation à engager nos forces du côté de ces filles si désireuses d'être là, en vie, parmi nous, dès qu'on leur en laisse le choix.

Je ne prétends pas y décrire dans leur totalité les violences qui leur sont faites. Je n'ai pas cette prétention, cette capacité non plus, il faudrait pour cela travailler sur chaque pays et situation singulière. Mon récit se veut davantage un instantané des atteintes imposées aux filles par la communauté humaine, leur universalité, leur constance, leur cruauté aussi, leur impact sur leur existence et la nôtre. Les rendre lisibles, visibles. Aller à l'encontre, donc, de leur invisibilité.

Je décris d'abord les mauvaises pratiques en suivant leur entrée chronologique dans la vie des filles, de leur conception au début de l'âge adulte, du fœticide au meurtre dit « d'honneur ». Je montre ensuite à travers quatre pays la façon dont les mauvaises pratiques s'organisent dans des communautés nationales aussi différentes que celles de la France, des États-Unis, de l'Inde et de l'Égypte.

Nommer, même crûment, est parfois la seule façon correcte de contrevenir aux désastres. Les violences faites aux filles sont des désastres individuels et collectifs. Pour que nous y mettions fin, encore devons-nous les désigner. C'est à quoi humblement je m'attelle, avec d'autres, qu'on ne puisse pas dire à leur sujet « Je ne savais pas ».

Ce que je dis dans ce livre, au départ, je ne le savais pas.

PREMIÈRE PARTIE

Des violences au long de l'enfance

Éliminer les filles, ou ce qu'elles ont peut-être de plus vivant, de plus léger, incertain ; faire entrer de force dans leur vie des choses graves, blessures, atteintes, ralentissant leurs pas, leurs envies, leurs projets et leurs vœux, les empêchant parfois. Du jour de leur conception à celui du meurtre dit « pour l'honneur », des violences jalonnent petite enfance, enfance et adolescence des filles.

On dirait des étapes à rebours, des obstacles s'enchaînant qui les font revenir en arrière, les freinent, les entravent.

Les parcourir dans le temps, chronologiquement, telles qu'elles s'imposent à différents âges, donne la perspective des barrières posées sur leur route les unes après les autres, parfois successivement dans une seule et même existence, avant même qu'elles aient pu atteindre l'âge adulte.

I

C'est une fille : les trois mots les plus meurtriers du monde

Travailler sur les violences faites aux filles, au début, c'est comme avancer sans rien savoir sur un bord abrupt où vie et mort d'emblée sont inséparables. La question des filles sur terre est d'abord la question de leur élimination. C'est là tout de suite, dans des proportions inattendues. Étant soi-même une fille, ce n'est pas sans impact de le découvrir.

Passé la première stupeur pourtant, ça devient éclairant. C'était en quelque sorte l'information manquant pour appréhender la réalité : pour des millions de couples, la fille est d'abord ce qu'on va faire en sorte de ne pas mettre au monde ou d'éliminer le plus vite possible.

Les filles et leur mort, donc. Si on veut comprendre quelque chose au sort qui leur est fait ensuite, il faut commencer par là. C'est une donnée incontournable dans certaines sociétés. Ça joue sur l'avenir de celles qui restent. Se débarrasser des filles montre quel poids elles sont, quel inutile ; ça favorise ensuite les excès de négligence à leur endroit, de violence aussi.

Le chiffre de ces disparitions n'a encore jamais été établi globalement. L'information n'existe que parcellaire, souvent très récente. On sait depuis peu à propos de l'Asie l'impact des *filles manquantes* sur les sociétés, mais du phénomène universel, rien. C'est un symptôme parmi d'autres. Le filiacide notamment, le meurtre des filles par leurs parents parce qu'elles sont des filles, est un secret terriblement bien gardé.

Le jour, pourtant, où nous aurons le courage d'ajouter aux millions de meurtres de femmes entrant dans les statistiques du fémicide ceux des filles non nées parce que filles, tuées à la naissance et négligées jusqu'à la mort dans leur petite enfance, nous commencerons à saisir cette réalité, son impact sur la société. Sa violence. À combien elle se chiffre.

Cette information devient urgente.

La fille, comme ce que d'abord on tue, produit un écart presque constitutif de la différence des sexes. La mise en œuvre d'un « ça n'existe pas ». Ça joue sur le regard qu'une fille portera sur elle-même mais aussi qu'un garçon portera sur une fille et sur lui-même.

Si peu de récits existent, pourtant, concernant ces morts. Des millions de filles éliminées chaque année et si peu de traces… Comment est-ce possible ? Si des millions de garçons étaient tués chaque année parce que ce sont des garçons, des dizaines d'études, de livres, de colloques en parleraient, je crois.

La fille, c'est différent. Elle meurt par millions et on en parle bien moins que de la disparition des icebergs et des oiseaux en ville. C'est une mort silencieuse. Admise. Intégrée. Une affaire intime dit-on, laisse-t-on penser, y compris aux filles survivantes et à leurs mères.

La mort des filles serait une affaire ne regardant que l'intimité familiale, qui n'intéresserait pas l'espace public. C'est pourtant l'inverse. Non seulement c'est bien l'espace public, social, qui exige souvent la mort de la fille, mais cette mise à mort agit à son tour sur lui, la façon dont il se constitue, dont il va réagir vis-à-vis des filles, et la place qu'il leur accordera – ou pas.

Si la fille est cette chose dont on se débarrasse sans que quiconque y trouve à redire, comment ne pas ensuite en faire cette chose qu'on vend, qu'on achète, qu'on viole, qu'on marie, qu'on engrosse, qu'on dépossède de tout sans que quiconque y trouve à redire ?

1

~~C'est une fille~~
Fœticide

La fille, pour des centaines de milliers de couples, c'est d'abord quelque chose qu'on ne veut (surtout) pas mettre au monde. Avoir un enfant, mais pas féminin.

L'histoire de la violence faite aux filles commence avec ça. Dans les sociétés qui le mettent massivement en œuvre, c'est souvent lourd de conséquences sur la non-valeur qu'on leur accordera ensuite. Si c'est quelque chose qu'il ne faut pas faire exister, comment ne pas les déconsidérer ensuite, pourquoi les protéger, les respecter ?

Des garçons, on ne l'a jamais entendu, sauf cas particuliers de subjectivités maternelles et familiales. Des filles en revanche, c'est un des fonds du discours de l'humanité. La première marque d'infériorité.

Les filles le savent, les garçons aussi. C'est un des marqueurs de leur différence. D'une fille, dans des millions de familles, on souhaite d'abord sa mort. Cela pèse évidemment sur les capacités qu'elle déploiera ensuite, sa légèreté, sa fierté, sa consistance. On ne se regarde pas de la même manière quand on sait qu'on est en trop, un poids, une qui n'aurait pas dû être là.

Ça pèse aussi sur les mères, les pères, les frères, les familles, les communautés, les villages, les nations.

C'est un vœu de mort pesant spécifiquement sur les filles, intégré en quelque sorte à l'identité féminine. La travaillant, attaquant le sentiment de sa propre valeur, la fragilisant. C'est le féminin comme en trop, négatif, sans valeur, à dégager. C'est puissant. Ça joue sur ce que l'on pense du féminin ; sur ce que les filles en pensent, les garçons aussi, même dans les sociétés ne le pratiquant pas. Ça fait partie du féminin. Pas du masculin.

C'est déjà du fémicide, puisque c'est l'élimination du fœtus en raison de son appartenance au sexe féminin. C'en est l'acte premier en quelque sorte.

Ça passe qui plus est par le corps de la mère, ça le met en danger de mort aussi éventuellement. Le féminin éliminant le féminin. Pas question d'être mère d'une fille dans une communauté qui n'en veut pas, de reproduire ce que soi-même on est, sinon on court le risque d'être chassée, répudiée, parfois battue, parfois tuée, ou obligée de tuer l'enfant à la naissance si on n'en a pas avorté avant, pour ne pas se retrouver à la rue, sans rien, dans une misère plus noire encore que celle qui prévalait avant. On n'a pas le choix. C'est imposé. Le seul enfant valable est masculin. Ça oblige à contrôler avec anxiété de quel sexe est l'embryon qu'on porte en soi, attendre souvent des mois avant de le savoir.

Dans les pays où ne pas avoir de fille est la norme, la pression familiale peut s'avérer terrible, contraignant la mère à avorter qu'elle le veuille ou non. C'est ça ou elle sera renvoyée, le mari prendra une autre épouse. Les injonctions sont très explicites. Certaines femmes refusent de s'y plier parce que ce nouvel avortement tardif met leur vie en danger. Mais quand elle ne dispose d'aucune autonomie financière personnelle, qu'elle dépend entièrement de la structure familiale pour sa survie économique, comment faire ? Le choix est tragique. Mettre sa vie en danger, assurer sa survie sociale, être contrainte d'avorter. L'éventuel désir de garder l'enfant est explicitement nié. La mère n'a pas à en avoir. Sa seule fonction est gestatrice et le seul enfant autorisé, masculin.

La fille, au regard de ces communautés souvent très touchées par la pauvreté, n'a aucune valeur intrinsèque. Elle n'est qu'une future épouse, une future pourvoyeuse d'enfants pour une autre famille. Elle quittera la sienne, il faudra parfois lui attribuer une dot ; pour ceux qui la mettent au monde, elle ne représente aucun avantage. Juste une charge, encore renforcée par le fait qu'il faudra la maintenir vierge si on veut la marier, hors des désirs masculins, et l'élever à sa future servitude. De plus, selon bien des législations encore, seul le fils hérite et conservera le patrimoine au sein de sa famille.

Les technologies permettant de connaître le sexe de l'embryon et de le choisir à l'avance le facilitent. La démocratisation des échographies a depuis longtemps rendu beaucoup plus accessible financièrement pour les familles modestes la découverte du sexe de l'enfant à venir et son avortement quasi simultané. On vous apprend à la fois que vous attendez une fille et que vous pouvez la faire disparaître ; des cliniques en Inde ou ailleurs proposent ces kits échographie-avortement. La pratique, illégale, occasionne des avortements tardifs, dangereux pour la mère ; elle n'en est pas moins massive. L'acte est lucratif pour les établissements ; de nombreux hôpitaux sont connus pour signer des contrats à long terme avec les fabricants de ces machines. Certains vont même en Inde jusqu'à le promouvoir quasi ouvertement. « Payez 500 roupies aujourd'hui pour économiser la dépense de 500 000 roupies à l'avenir », sous-entendu : avortez maintenant, vous n'aurez pas à fournir de dot plus tard.

D'autres techniques beaucoup plus coûteuses et sophistiquées de sélection des fœtus se développent très rapidement. Au départ créées pour aider les couples en difficulté, elles sont détournées vers du *gendercide*. Par le biais des FIV (fécondation in vitro) mais aussi du diagnostic génétique préimplantatoire (PGD), du dépistage génétique préimplantatoire (PGS) ou du tri des spermatozoïdes, un « tourisme de reproduction » réservé aux classes aisées se développe très vite dans un marché très lucratif de cliniques privées aux États-Unis ou en Espagne, en Thaïlande ou à Chypre, où se pressent Chinois, Indiens, Est-Européens pratiquant le *sexing*, le choix du sexe de l'enfant, via la technique du typage de sperme. En France, la profession a pris nettement position contre, estimant que cela constitue « un déni des droits humains fondamentaux, une entreprise gouvernée par l'argent et exploitant des préférences issues de pressions sociales ». Mais d'autres États sont beaucoup moins regardants. Des millions de dollars sont en jeu. Ainsi que l'explique la publicité des instituts de la fertilité présents aux États-Unis, au Mexique et en Inde[1], « les procédures de la sélection du sexe ont été vérifiées et vérifiées encore une fois par un généticien certifié. Ainsi, nous maintenons l'avantage en aidant les couples à parvenir au résultat désiré. La technologie DPI (diagnostic préimplantatoire) rencontre beaucoup de succès en permettant d'obtenir un enfant du sexe désiré ». Le coût est d'environ 25 000 dollars.

Qu'elle utilise des moyens archaïques ou sophistiqués, la pratique en tout cas pèse sur les grands équilibres de population. Pour la première fois en 2016, le Centre asiatique pour les droits de l'homme[2] a évalué à environ 1,5 million les fœtus féminins éliminés chaque année en raison de leur genre. Il naît habituellement 102 à 106 garçons pour 100 filles, le chiffre s'équilibrant puis s'inversant ensuite du fait que plus de garçons meurent naturellement durant l'enfance, mais dans les pays pratiquant massivement l'avortement sélectif, les courbes s'inversent. Si la Chine et l'Inde sont connues pour favoriser la naissance de garçons, il est plus étonnant de constater que l'Arménie, l'Azerbaïdjan, l'Albanie et la Géorgie, quatre anciens satellites de l'URSS, font désormais partie des dix pays les plus *gendercide*, devant le Pakistan et le Népal. Selon un rapport publié en 2012 par le Guttmacher Institute, entre 2005 et 2009, près de 10 % des naissances potentielles de femmes en Arménie et en Azerbaïdjan n'ont pas eu lieu ; en Azerbaïdjan, le ratio en 2011-2012 était de 116 garçons pour 100 filles, il atteint 120 garçons dans certaines régions.

En Arménie, le Fonds des Nations unies pour la population (FNUAP) a rapporté une moyenne de 114 garçons pour 100 filles. « D'ici à 2060, 100 000 mères potentielles ne seront pas nées, s'inquiète Garik Haïrapetian, représentant de l'Arménie au FNUAP. Nous serons devenus une société d'hommes célibataires. »

Selon l'ONG Vision du Monde[3], il y aurait 39 millions de femmes manquantes en Inde et 163 millions pour l'ensemble de l'Asie. Au Pakistan, il manquerait 5 millions de femmes, 3 millions au Bangladesh, 1 million en Afghanistan.

En Chine et dans le nord de l'Inde, on compte en moyenne 115 garçons pour 100 filles à la naissance. Conséquence, 1 Chinois sur 5 serait incapable de trouver une épouse. La pression retombe sur les filles des régions pauvres, enlevées à leurs parents et vendues au plus offrant. Les viols, agressions et violences se multiplient aussi, la prostitution de mineures et son lot de trafics, violences, proxénétisme. Leur rareté, en d'autres termes, n'augmente pas la valeur des filles mais renforce encore leur vulnérabilité.

La Corée du Sud a montré pourtant la possibilité d'inverser la tendance par une volonté politique claire. « Des trois manquements à la piété filiale, le pire est de ne pas avoir d'héritier mâle », affirmait Confucius… Après que les échographies à ultrasons au début des années 1980 ont fait passer les naissances de 109 garçons pour 100 filles en 1985 à 115 en 1994, en vertu de l'autre principe « Un fils vaut dix filles », la Corée a mis en place des mesures énergiques. Elles consistent à renforcer les droits des femmes, à favoriser leur participation au marché du travail, mais aussi à verser des pensions de vieillesse réduisant la dépendance des retraités à leurs enfants mâles ; sans oublier une vaste campagne « *Love Your Daughter* – Une fille bien élevée vaut dix fils ». Résultat, en 2013, les ratios étaient redevenus normaux.

Dans le village indien de Piplantri dans l'État du Rajasthan, le maire a décidé aussi de changer la donne : désormais les familles peuvent planter et entretenir 111 arbres d'aloe vera pour chaque fille née, et déposer 21 000 roupies (un peu plus de 270 euros) pour leur avenir, le village ajoutant 10 000 roupies supplémentaires. Et ça marche… presque 300 000 arbres ont été plantés. C'est excellent pour l'environnement – les arbres ont favorisé l'accumulation d'eau et la fertilisation des terres –, mais aussi pour le futur des filles : selon les calculs du gouvernement local, à leur majorité, chaque arbre peut avoir une valeur marchande de 50 000 roupies, soit plus de 5 millions de roupies (environ 71 000 euros) à disposition de chaque femme. Le maire l'assure, les familles sont devenues beaucoup moins réticentes à mettre au monde des filles[4].

2

Tu ne vivras pas
Filiacide

Elle est assise face à moi ; derrière elle, le Nil, les berges d'Assiout, en haute Égypte. Elle est née dans un village et une famille pauvres tout près d'ici ; elle sait tout ce qui s'y passe, est décidée à le dire. Elle veut que les choses changent. L'infanticide, le meurtre des filles à la naissance, oui bien sûr, ça arrive. « La femme accepte pour sauver la maison. Beaucoup le font[5]. » Son regard ne se détourne pas, elle sait comment et pourquoi ces meurtres ont lieu, ne fuit pas la question. « Parfois c'est le docteur qui s'en charge, il donne un produit pour ça au bébé, il arrive qu'ensuite le corps soit brûlé. Mais parfois les docteurs refusent, alors c'est la mère qui s'en charge. » Elle fait le geste avec ses mains comme si elle tenait une chose énorme et lourde. « Elles peuvent écraser le bébé, ou bien utiliser un couteau, ou le jeter de très haut. »

Je ne le savais pas avant de faire ce travail. Je ne m'y attendais pas. Et sûrement pas avec cette ampleur. C'est la chose la plus triste que j'aie entendue. Ce qu'elle dit de misère extrême, de solitude, de l'abandon dans lequel se trouvent ces femmes tuant leurs filles. C'est en 2019. Il a fallu que je m'écarte des villes pour savoir. Dans les villes, ça existe aussi, mais personne ne le dit. Dans les campagnes, c'est différent.

On en parle aussi en Afrique, en Amérique latine, en Asie, partout où mettre au monde une fille serait considéré comme un poids exorbitant.

C'est le tabou d'entre les tabous. Le secret d'entre les secrets. Si dans les campagnes de haute Égypte des mères tuent leurs filles, alors c'est qu'à l'échelle du monde le chiffre est en centaines de milliers. C'est tu, mais c'est là. Ces gestes, même secrets, n'en font pas moins partie du monde où nous vivons, jouent sur lui. Des dizaines de milliers de mères sont les assassins obligées de dizaines de milliers de leurs filles.

Je ne connais pourtant pas un chiffre sur la question. Pas une étude. C'est anormal. Incorrect. Nous devons savoir ce qu'il en est. Nous le mettre en face des yeux. En produire un savoir. Les nouveau-nés féminins ne sont pas des bébés chats qu'on étouffe à la naissance. Les nouveau-nés féminins font juridiquement et symboliquement partie de l'humanité. Toute tentative de nous faire penser et croire les choses autrement est une attaque contre notre humanité en laissant penser que, contrairement à l'enfant garçon, l'enfant fille, elle, n'en ferait pas tout à fait partie. Toutes les violences s'entassant ensuite sur leurs têtes, leurs corps, leurs sexes viennent de là. Les filles ne seraient jamais tout à fait une part égale de l'humanité.

Je pense, en entendant la jeune femme de haute Égypte, à la mère qui a porté l'enfant neuf mois, l'a senti bouger en elle, l'a mis au monde ; à quel moment a-t-elle su que c'était une fille ? À quel moment a-t-elle su qu'elle la tuerait ? Est-ce qu'elle l'a fait toute seule ? Est-ce qu'elle en a parlé à quelqu'un ? Qu'est-ce que ça lui fait de tuer ce bébé sorti de son ventre parce qu'elle est, comme elle, de sexe féminin, mais qu'il faut « sauver la maison », éviter que son mari la répudie, aille chercher une autre femme au motif qu'« elle » a fait une fille ?

Deux jeunes cinéastes français heureusement ont filmé la réponse[6]. *La Malédiction de naître fille* nous apprend quelque chose d'essentiel ; ça replace les mères et leurs filles dans l'humanité, redit que c'est leur place. Les larmes des mères obligées de tuer leurs filles au Bangladesh, en Inde, au Pakistan, le souvenir qu'elles en gardent dix ans plus tard, le geste auquel on les a obligées, le regret, le remords, ce qu'on leur fait porter en sont le signe intense, terrible.

« Quand je lui ai donné le poison, j'ai pleuré. » À nouveau elle pleure. « J'avais déjà tué les deux premières, je ne voulais pas. Je suis si triste. C'est très dur. Ça me fait souffrir. Je n'arrive pas à être en paix. » Mais ceux du village sont venus l'obliger, lui dire qu'elle n'avait pas le choix, elle avait déjà eu une fille, elle devait tuer celle-là. Elle a fini par céder.

Des hommes obligeant des femmes à tuer leurs propres enfants parce que ce sont des filles, des moins-que-rien. La femme en quelque sorte obligée de se tuer elle-même, et au nom de quoi ? Un ordre social, une extrême pauvreté, un ordre symbolique dans lequel la femme n'est rien, l'homme est tout, la fille n'est rien, le garçon est tout. « Si la mère ne tue pas sa fille, elle devient l'étrangère », commente l'une d'elles dans le film. En la forçant à commettre ce meurtre, ne la sépare-t-on pas déjà d'elle-même ?

Quelle femme sans travail, sans argent, déjà pourvue d'enfants et vivant dans l'extrême promiscuité d'un bidonville peut résister à ça seule ? Qu'exige-t-on de ces femmes ? Qu'exige-t-on qu'elles deviennent ? qu'elles prennent seules à leur charge ? Dans quelle abyssale solitude. Quelle cruauté. Puisque elles-mêmes ne sont rien, on leur fait supporter, en plus, cette charge. C'est d'une perversion sans nom. Un ami m'a dit : « Ça me fait penser aux Juifs des *Sonderkommandos* nazis obligés de tuer d'autres Juifs. » Ça peut s'en rapprocher. C'est quotidien. C'est maintenant, contemporain. Ça joue d'un poids terrible sur ce féminin obligé de se mettre à mort. Qu'on entende bien. Qu'on sache aussi ce que ça fait aux filles survivantes. Ce que ça fait aux garçons également. Ce que ça leur dit de la place du féminin.

Pour les femmes les plus pauvres, l'examen sexuel prénatal est trop cher, elles ne sauront qu'à la naissance le sexe de leur enfant. L'argent fait cette différence-là aussi, d'obliger les plus pauvres à tuer de leurs mains.

Dans la maison et le village, tout le monde a vu cette femme enceinte mais personne ne verra le bébé. Tout le monde saura. Les filles qu'on a laissées en vie le savent également. Les garçons et les hommes le savent. Le geste maintient, reproduit, renforce l'étrange conception selon laquelle, en quelque sorte, la fille vivante serait celle qu'on aurait laissée en vie et non pas simplement celle qui serait venue au monde ; qu'on entende bien l'écart, la différence. Elle est là depuis si longtemps. Elle fait partie de l'histoire humaine, ses traces dans nos mémoires féminines et masculines.

Au Pakistan, à Karachi, des cadavres de bébés filles sont régulièrement retrouvés dans la décharge publique. Ce sont des déchets. L'image ne peut être plus claire. Mais certains préfèrent ne pas s'y résoudre. Des hommes, des enfants dont ces petits chiffonniers qui travaillent sur les tas d'ordures, quand ils découvrent ces corps, vont prévenir le Karachi Edhi's Center Charity qui vient les chercher. L'ONG a même installé quelques berceaux dans les rues de Karachi avec l'inscription *Do not kill* (Ne les tuez pas). Mais souvent les bébés y sont déposés trop tard. Alors l'association les lave, les enveloppe dans un linceul et les enterre religieusement dans un cimetière hors de la ville réservé aux anonymes[7]. Les remettre là aussi dans l'humanité. Empêcher qu'on les en exclue.

Depuis l'Antiquité et certainement avant, le geste est constant, partout. Dans la Rome antique jusqu'au IVe siècle, le *pater familias* a droit de vie et de mort sur ses enfants et ne conserve en général que la fille aînée. La mention de deux filles dans une famille romaine est exceptionnelle ; ce qu'on appelle « la disparition forcée des cadettes », tuées à la naissance ou « exposées », c'est-à-dire abandonnées dans la rue ou à la décharge publique, mourant ou recueillies par des marchands d'esclaves. Les mêmes traces existent massivement dans le monde arabe d'avant l'islam, la Chine, l'Inde, etc.

Désormais interdite, illégale, la pratique n'en persiste pas moins. C'est le cas de toutes les violences faites aux filles : interdites, illégales, mais tolérées, maintenues, prolongées.

Par centaines de milliers, les filles laissées en vie peuvent aussi disparaître les premiers mois, sans acte de tuer. En 2002, l'Unicef estime qu'il meurt chaque année de malnutrition et mauvais traitements plus de 1 million de bébés féminins qui auraient vécu s'ils avaient été des garçons. De nombreuses mères cessent très tôt de les allaiter dans l'espoir d'être bientôt enceintes d'un fils ; sevrée trop tôt, l'enfant est privée d'éléments nutritifs indispensables, risque des infections dues à la malnutrition, à l'éventuelle insalubrité de l'eau et des aliments utilisés en remplacement du lait maternel. Si l'argent et la nourriture manquent, les fils ont la priorité. De même, le plus souvent, elle sera soignée à la maison, moins vaccinée et ne sera conduite à l'hôpital que dans un état critique.

> À l'image, dans *La Malédiction de naître fille*, Sudha, jeune femme membre de Terre des hommes en Inde, roule vers un village comme tous les jours pour éviter qu'une famille ne tue ses jumelles. « Les dix premiers jours sont essentiels, dit-elle, il faut que la maman les nourrisse pour que se crée un attachement, nous venons tous les jours tant qu'il le faut, nous donnons un peu de lait de substitution, des médicaments. Nous avons mis un mois et demi à leur faire accepter de ne pas les tuer, en parlant avec eux, en leur montrant que nous sommes là. » C'est son travail, empêcher les filiacides.

En 2010, une enquête dans *The Lancet* montrait que les filles âgées de 1 mois à 5 ans en Inde mouraient cinq fois plus de pneumonie et de diarrhée que les garçons. La journaliste Gita Aravamudan finira par en découvrir la raison[8] : « Le bébé était enveloppé dans une serviette humide ou trempé dans l'eau froide aussitôt après sa naissance. Si après quelques heures il était encore vivant, on se rendait chez le médecin, qui diagnostiquait une pneumonie et prescrivait des médicaments, que les parents jetaient. Quand le bébé mourait, les parents étaient en possession d'un certificat médical pour prouver la pneumonie. Quelquefois on lui donnait un peu d'alcool pour créer de la diarrhée, autre “maladie certifiable”. »

En 2014, la revue présentera également des chiffres de mortalité de garçons et de filles de moins de 1 an dans le monde. Quinze pays d'Asie et d'Afrique montraient en 1990 des chiffres excessifs de mortalité féminine ; tous ont décru mais restent importants en 2012 en Égypte, Inde, Iran, Jordanie, Azerbaïdjan et à Bahreïn.

Et encore ces chiffres ne sont-ils qu'un pâle reflet de la réalité puisque des centaines de milliers de filles ne sont de fait pas déclarées à la naissance, peuvent donc mourir sans que personne n'en sache rien.

Le résultat, en tout cas, est sans équivoque ; des dizaines de millions de filles manquent à l'appel dans le monde sur les trente dernières années. Sans l'Inde et la Chine, l'humanité compterait plus de femmes que d'hommes. Dans ces deux pays comptant 2,73 milliards d'habitants, il y a environ 80 millions d'hommes de plus que le nombre jugé souhaitable. « Rien de tel ne s'est produit dans l'histoire de l'humanité », écrivait le *Washington Post* en avril 2018.

Ces manques à leur tour retombent sur les filles vivantes. Dans les provinces birmanes à la frontière avec la Chine, par exemple, les trafiquants prennent pour cible les filles vulnérables en leur faisant miroiter des offres d'emploi en Chine, pour ensuite les revendre de 3 000 à 13 000 dollars à des familles en mal d'épouses pour leurs fils. Elles peuvent être enfermées dans une pièce et violées de manière répétée, afin de les mettre enceintes. Après avoir accouché, certaines sont autorisées à partir, mais contraintes de laisser leurs enfants. La même chose se reproduit au Cambodge, en Corée du Nord et au Vietnam.

Le meurtre des filles renforce donc la précarité des vivantes, leur insécurité. Leurs vies en paient le prix, leurs corps. En Inde, des garçons et des hommes s'y mettent régulièrement à plusieurs pour violer des jeunes filles, dont il arrive que personne ne s'occupe ensuite ni dans les hôpitaux ni dans les locaux de police. *Laissées pour mortes*. Mais dans les familles de ces hommes et de ces garçons, on élimine systématiquement les filles. Comment cela pourrait-il rester sans effet sur les rapports qu'ils entretiennent avec elles, la valeur qu'ils (ne) leur accordent (pas) ?

II

Attaquer la fille, attaquer le sexe de la fille

Violences faites aux filles du fait de leur appartenance au féminin, violences faites au sexe des filles ; dans un nombre considérable d'existences, l'enfance ne se traversera pas sans être attaquée, le corps et le sexe agressés.

Les chiffres, bien que minorés parfois, sont colossaux. Presque difficiles à appréhender. La moyenne mondiale, y compris en Occident, est à peu près établie à plus de 20 % de filles victimes d'abus sexuels avant 18 ans, inceste compris. Soit 1 sur 5, y compris en France, au Royaume-Uni, aux États-Unis. Non pas le signe, donc, d'un sous-développement culturel africain, asiatique, latino-américain comme on voudrait parfois nous le laisser penser, mais d'un système universel. Six filles au moins dans une classe de 30. Dans certains pays, c'est 1 sur 3, et jusqu'à 50 % dans des circonstances particulières de crise comme au Soudan du Sud : 1 fille sur 2 !

Ce n'est pas tout : 200 millions de filles au moins dans le monde sont victimes de mutilations sexuelles. Le clitoris et les lèvres du bas coupés. Parfois le vagin cousu. Une fille sur 10 mariée avant 15 ans, le plus souvent à un homme de dix ans ou plus son aîné, tenue au devoir conjugal. Pour la plupart, en fait, violées toutes les nuits.

Au moins 5 millions sont victimes de traite et de là soumises à la prostitution forcée ou à l'esclavage sexuel. D'autres millions sont violées sur le chemin de l'école ou à l'école. Des dizaines de milliers le sont dans le cadre de conflits armés, dans des prisons ou pour appartenance à une autre religion.

Il ne s'agit donc pas d'une malencontreuse exception. Mais d'un rapport non pas majoritaire heureusement mais massif au sexe des filles comme à attaquer, une volonté d'assujettissement, de prise de possession pesant de tout son poids sur elles. Quelque chose qui, dès lors, n'est jamais tout à fait à l'abri, reste sous la menace. Quelque chose de soi dont on n'est jamais sûr qu'on le conservera en paix, hors agression.

Dans 9 cas sur 10, qui plus est, la fille ne pourra pas s'opposer à ces attaques, rien faire ni rien dire non plus. L'ordre de se taire accompagne la plupart de ces violences, incestes, viols, mais aussi mutilations sexuelles, mariages d'enfants, prostitution forcée.

Peut-on entendre ce que ça fait dans ces vies qui commencent à peine, ce corps attaqué, ce sexe atteint contre sa volonté, ce que ça fait perdre comme confiance, énergie, enthousiasme, désirs ? Le rapport au monde que cela instaure ?

Être une fille, c'est avoir au creux de soi ce sexe, cette ouverture par où sexe d'homme et enfants un jour éventuellement passeront, cette entrée vers l'intérieur de soi que rien ne protège sinon qu'il soit interdit d'y porter atteinte. Disposer de ces deux organes intérieur-extérieur, vagin-clitoris, entourés de grandes et petites lèvres gratifiées de fonction dans le plaisir ; un territoire sexuel complexe n'aboutissant à maturité qu'à l'âge d'être femme, richement doté par nature d'une aptitude au plaisir, et son épanouissement progressif. Être fille est constituer très progressivement, au fil des ans, la découverte de ce territoire en soi, ce que ça fait aux autres, et ce que ça fait à soi ; disposer pour ça d'années nombreuses, jalonnées par des premières fois.

Les premières fois des filles sont des moments essentiels dans la constitution de leur identité, souvent presque insoupçonnables, délicats, passagers, faits de micro-perceptions et micro-actes, gestes, regards, sensations, modifiant progressivement le rapport à soi, à son corps de fille, son idée, son identité, son sexe de fille.

Un regard posé sur soi pour la première fois, troublant, qui fait baisser les yeux. Une main posée pour la première fois sur soi. Un tissu qu'une main écarte. Des lèvres approchant. Le cœur battant à se rompre. Plus tard, une main au creux de soi. Plus tard, un sexe au creux de soi.

Être fille, plus tard devenir femme, se constitue aussi dans ces moments, bascules, gestes que l'on fait et éprouve pour la première fois, ces approches et touchers dont on ne savait rien.

Les atteintes sexuelles, incestes, mutilations, viols y contreviennent, annulent ces premières fois, parfois jusqu'à leur possibilité même. Les remplacent par une autre, imposent la leur.

Quand un père (un oncle, un grand-père, un beau-frère, un frère) touche, caresse, pénètre sa fille, il lui impose sa première fois, pose comme principe la toute-puissance de son propre désir sur celui de l'enfant.

Le désir de la fille – ne pas être touchée, caressée, pénétrée sexuellement par son père – est annulé.

Toutes les atteintes sexuelles majeures contre les filles obéissent à ce principe.

Le désir d'une fille est de ne pas se voir couper le clitoris, ni les lèvres, ni coudre le vagin. Ne pas se voir forcée à des relations sexuelles. Pour que ces actes perdurent malgré tout au-delà des siècles, des interdits, des lois, c'est qu'ils consacrent la non-pertinence de ces désirs de fille, les écartent, les nient.

C'est aussi une des raisons pour lesquelles une fille se plaignant de l'atteinte sexuelle est si souvent inaudible. En quelque sorte, elle n'aurait rien à en dire. Ça ne la regarderait pas. De fait, elle n'en est que l'objet. Son éventuelle prise de parole à ce sujet est encore souvent considérée comme non pertinente, rejetée par sa famille, le commissariat de police, la justice, le docteur. Son récit, en d'autres termes, reste sans valeur.

J'ai décidé un jour de faire la liste de toutes les circonstances dans lesquelles des filles sont violées pour qu'on s'en fasse une idée plus claire.

VIOL – à la maison : inceste

VIOL – à la maison : enfant mariée, viol conjugal

VIOL – à la maison : esclavage sexuel

VIOL – sur le chemin de l'école par un passant, un chauffeur de bus, un autre élève

VIOL – à l'école par un professeur, un membre de l'administration, un élève

VIOL – dans un bar, un bouge, un clandé, enfant prostituée

VIOL – de gang, de rue

VIOL – trafic humain

VIOL – de guerre

VIOL – de religion (Yazidis – Boko Haram)

VIOL – de répression politique (Syrie, Égypte)

1

Inceste

Partout, l'inceste est la première atteinte sexuelle menaçant les filles. L'inceste est le fait pour un membre de la famille – père, oncle, frère, grand-père, ou mari des femmes de la famille – d'imposer des attouchements, contacts et rapports, là où l'enfant devrait en être protégée. Transformer ce lieu intime, privé, en un espace la menaçant. L'atteinte est universelle. Encore taboue. Pas de statistiques de l'Unicef, de l'OMS, de l'ONU ni d'aucune autre grande organisation mondiale, alors que le crime est lourd de conséquences pour les filles.

L'inceste est en quelque sorte le schéma premier de l'atteinte sexuelle. L'homme impose des gestes déplacés à sa fille (sa petite-fille, sa nièce, sa sœur) simplement parce qu'il en a le désir. Sait que s'il l'exige, le plus souvent elle se taira. Que si elle voulait parler, le plus souvent on le lui déconseillerait. Que si elle le faisait, le plus souvent la société détournerait les yeux.

Le désir de la fille de ne pas être incestée, de poursuivre son enfance sans être détournée par cette atteinte, est annulé.

De là souvent, comme conséquence, l'absence d'attention portée aux éventuelles accusations, la demande de *garder* le silence, la singulière injonction qui est adressée de préserver l'équilibre de la famille en se taisant. De là enfin que, dans ce cas particulier, la victime est fortement incitée à bien vouloir ne pas demander la mise en œuvre des réparations auxquelles elle pourrait s'attendre. Sa « bonne volonté » est sollicitée. On l'a abusée ? Allons, il faut y réfléchir à deux fois avant d'envoyer un père de famille en prison. La charge est inversée, repose sur l'enfant.

De fait, combien sont capables de dénoncer leur père ou leur oncle et, dans ce cas, sont entendues ? Ne préférera-t-on pas leur dire qu'elles doivent se tromper, que papa n'a pas pu faire ça ou, pire, qu'elles « affabulent » ? Faire au récit de l'enfant la place qui lui reviendrait parmi les récits de la famille s'avérera le plus souvent impossible. Atteinte sexuelle et atteinte du récit de la fille vont ensemble. Le père (l'oncle, le grand-père) impose son désir mais aussi son récit. Le désir de l'enfant de ne pas être détournée d'elle-même, de ne pas être touchée, est pourtant le seul des deux à être légitime. De même son récit disant : Papa est venu, papa m'a touchée, papa m'a fait ça.

Dans ce cas plus encore que dans n'importe quel autre, la fille n'a pas accès au récit de sa propre histoire, ne peut produire ce récit, l'opposer à celui de l'agresseur, lui faire place dans le récit familial. Il n'est pas question en quelque sorte qu'elle y ait accès, c'est bien ce qu'on lui fait savoir. La concurrence des récits est ici portée à son comble.

C'est bien un récit dans l'ordre du féminin qui est écarté. Cette trace reste, j'en suis convaincue, bien au-delà des victimes d'inceste, dans ce que filles et femmes apprennent à taire des atteintes qui leur sont faites.

Comment s'étonner alors que l'absence de statistiques l'emporte partout, y compris dans les pays dits les plus avancés, obligeant à extrapoler à partir des viols sur mineures pour tenter d'en tirer des approximations sur l'inceste ?

De certains chiffres agglomérés par des institutions et ONG internationales, on estime que près de la moitié des agressions sexuelles dans le monde sont commises contre des filles avant leur seizième anniversaire. C'est quelque chose que j'ai dû me répéter plusieurs fois. Les filles de moins de 15 ans sont plus agressées sexuellement que toutes les filles et femmes au-delà de 15 ans. Notamment par inceste. Mais on ne sait pas pour quel pourcentage.

Autre chiffre à peu près stabilisé : jusqu'à 20 % des femmes d'un pays signalent avoir été victimes d'abus sexuels avant 15 ans. Parmi ceux-ci, de l'inceste. En France, par exemple, « 40 % des viols et tentatives de viol déclarés ont été subis avant 15 ans, 51 % des violences sexuelles le seraient avant 11 ans [!] et 21 % avant 6 ans [*sic !*]. Celles-ci seraient commises dans 94 % des cas par des proches, et dans plus de 50 % des cas par des membres de la famille. Dans 70 % des cas quand l'enfant a moins de 6 ans, l'agression est incestueuse ».

Ailleurs, une association française parle de 6 % de la population touchée, d'autres de 50 % des agressions sur mineures. Au Niger, des autorités confirment 13 %, là où des femmes évoquent 40 %. En Irlande, en 2008, 55 % des abus sur les filles se passent dans la famille et 17 % avant 4 ans.

Ça donne des indications. Cela ne donne pas de chiffres, de pourcentages, de statistiques. Constituer un savoir serait pourtant la première étape. Nommer. Chiffrer. Évaluer. Pour l'instant, ça n'existe pas. On sait seulement que l'inceste est universel, et universellement nié. À vrai dire, d'autres intitulés sont finalement plus parlants : 2018, « Chili, le pays dans lequel l'inceste n'est pas reconnu par la loi ». « Inceste en Équateur, le plus grand de tous les silences ». Rien venant des États-Unis. Pas de statistiques spécifiques au Royaume-Uni, etc.

Ne pas distinguer l'inceste des viols sur mineures est pourtant une réponse erronée. L'inceste implique d'autres séquelles, plus intimes encore, parce que ce n'est pas seulement le corps et le sexe de l'enfant qui sont abusés, pas seulement la confiance qu'elle avait pu placer dans les adultes, mais toute la structure l'entourant. Quelle fille devient-on, quelle place occupe-t-on dans la famille et le couple de ses parents quand on est désirée par son père (son oncle, son grand-père) ? Quel rapport à la mère, à la féminité ? Que devient son corps ? Sa chambre, quand l'enfant en a une ? Savoir que le père y viendra le soir non pas poser un paternel baiser sur le front mais en tant que mâle désirant ? Combien cela fait disparaître de sécurité puisque ni le corps, ni la maison, ni la chambre, ni les bras de la mère (on la « trahit ») et encore moins ceux du père ne sont plus des lieux sûrs ? Où la trouver alors ?

« Plus la victime est jeune au moment des faits, plus l'agresseur est proche de la victime, plus il a d'autorité sur elle, et plus l'impact sur sa qualité de vie et le risque qu'elle tente de se suicider sont importants », précise l'OMS en 2015. Sur les filles incestées pèse ensuite, en effet, le risque de nombreuses séquelles, déficit cognitif et obésité, automutilation et dépression, développement sexuel perturbé et risque de cancer accru, tabagisme, conduites addictives, désordres hormonaux, autodépréciation, repli sur soi, etc. Un vrai problème de santé publique donc, exigeant d'autant plus d'évaluer l'inceste et ses coûts. Au lieu de quoi, le déni l'emporte.

« Les membres des groupes féministes de Belgrade (en voulant travailler sur le sujet) ont été confrontés aux préjugés habituels en matière d'inceste : l'inceste est extrêmement rare, et dans certaines familles manifestement socialement malades. L'inceste est principalement le fruit des fantasmes des enfants ; l'inceste est quelque chose d'atypique dans "notre" culture, il se produit dans d'autres pays, mais pas chez notre peuple qui est fermement attaché aux valeurs familiales traditionnelles ; les auteurs d'inceste ne sont jamais des êtres humains normaux capables de fonctionner normalement dans leur travail et dans la vie publique en général, ce qui est généralement considéré comme une "preuve" que quelqu'un n'est pas et ne peut pas être un auteur d'inceste (quand un homme est connu pour être "un homme décent", il est peu probable qu'il soit identifié comme un auteur d'inceste). L'inceste se produit principalement dans des villages de montagne lointains dans le cadre d'anciens rites païens ou d'étranges coutumes, mais jamais ou rarement dans les zones urbaines ; toutes sortes d'infractions sexuelles et d'incestes se produisent principalement parmi les membres de la classe inférieure comme une sorte d'expression spécifique de leur frustration sociale et de leur colère[1]. »

On disait ça en France dans les années 1950. On dit ça au Maroc aujourd'hui, en Égypte. « Il y en a bien plus qu'on ne croit, me dit pourtant au Caire ce membre de l'Unicef, même si nous n'avons évidemment aucun chiffre. Nous le savons grâce à nos entretiens privés. Comment imaginer qu'il en soit autrement ? Il y a une telle pauvreté, une telle promiscuité et une telle misère sexuelle[2]. »

Une étude réalisée par trois ONG pakistanaises ayant fait le constat d'une absence totale de données sur l'inceste dans leur pays[3] présente les obstacles presque insurmontables à la vérité. Dissuasion de la jeune fille et mise en cause a priori de ses attitudes par la police, les procureurs, tribunaux et médecins examinateurs, plus des procédures judiciaires fastidieuses, qui rendent le processus juridique décourageant et souvent revictimisant. « Il y a une forte tendance à protéger "l'honneur" (?) de la famille à tout prix, explique l'étude, les droits et le bien-être de la victime sont souvent sacrifiés. » Humaira était abusée par son oncle la nuit. « Même quand je suis allée lui parler, ma tante n'a pas voulu me donner un autre endroit pour dormir… je soupçonne qu'elle-même a connu la situation. Mon frère n'est pas si désespéré. "Tu dois avoir fait quelque chose de mal et maintenant, afin de te protéger, tu le blâmes", fut sa seule réponse. »

Certaines pratiques comme le mariage de mineures renforcent ces situations, multipliant les risques de violences incestueuses. Dans l'étude pakistanaise également, l'histoire de Saleha, mariée mineure. Quelques mois plus tard, elle a commencé à être violée par son beau-père et deux beaux-frères vivant dans la même maison ; par chacun d'eux l'un après l'autre certaines nuits. Son mari, qui dépendait financièrement de sa famille, lui a dit de le garder pour elle. La grand-mère de son mari a exprimé son incrédulité et déclaré que ses fils n'étaient pas « assez désespérés » pour violer leur propre belle-sœur. Elle a accusé Saleha d'avoir une relation avec un autre homme et de chercher des excuses pour quitter la maison…

De façon très singulière, l'inceste pose la question du savoir ; jusqu'où un individu, une famille, une société sont-ils prêts à savoir ? La réponse la plus fréquente a toujours été « moins on en sait, mieux on se porte ». À l'enfant dès lors il est demandé, parfois exigé, de *garder* le silence. Le français le dit très bien. C'est quelque chose qu'il lui est demandé de préserver. Elle devient gardienne du secret se refermant sur elle. Ce que la fille sait désormais de son père et qu'il lui est demandé de taire. Ce dont elle ne peut pas faire état. Le récit qui lui est interdit.

Selon une étude réalisée en Angleterre et au pays de Galles, 72 % des enfants agressés sexuellement n'ont parlé à personne de la violence à l'époque, 27 % l'ont dit plus tard à quelqu'un ; 31 % n'avaient encore parlé à personne de leur expérience au début de l'âge adulte[4] ! Conduire des études dignes de ce nom serait le premier signe sérieux d'un désir de mettre fin à ces silences.

En mars 2019, l'Afghane Sahra Mani a présenté son documentaire *Un millier de filles comme moi*[5] dans lequel elle suit Khatera, violée par son père depuis l'âge de 10 ans, qui a fini par porter plainte et le faire emprisonner. Dans son minuscule appartement de Kaboul, elle élève tant bien que mal sa fille née de l'inceste. « J'ai été choquée de constater que les gens étaient tous contre elle et estimaient qu'elle et son père devaient tous deux être lapidés, raconte Sahra Mani. Beaucoup pensaient qu'elle avait aguiché son père et que c'était donc sa faute... D'autres la soupçonnaient carrément d'avoir tout inventé pour pouvoir quitter le pays... Lors de sa première convocation au tribunal, le juge lui avait demandé « pourquoi elle ne s'était pas tuée avec ses enfants » (*sic*). Khatera a subi l'inceste pendant treize ans, sans que personne agisse. Son père doit être pendu, pas pour l'avoir violée mais parce qu'il l'a brutalisée pour qu'elle perde son enfant...

« En Afghanistan, quand une fille est victime d'inceste, elle est considérée comme coupable », conclut Sahra Mani.

Ne pas imaginer que les choses soient si différentes en Occident (voir les chapitres « France », p. 185, et « États-Unis », p. 203). De l'inceste, les filles deviennent en quelque sorte comptables, elles, et non pas leurs agresseurs.

Dans nombre de pays, tribunaux et hôpitaux refusent d'interrompre les grossesses nées de l'inceste. Comme récemment le cas d'une fillette argentine de 11 ans. « Je veux que vous m'enleviez ce que le vieux m'a mis dans le ventre », avait-elle demandé, enceinte de 19 semaines, dans sa plainte. Des médecins avaient refusé l'avortement, invoquant l'objection de conscience (*sic*), et le Service provincial de santé avait demandé à l'hôpital de « sauver les deux vies », un slogan des militants antichoix. Il a fallu une césarienne : « Par voie basse, ce n'était pas possible. Son corps n'est pas suffisamment développé et s'il l'avait été, les conditions psychologiques n'étaient pas réunies, du fait des nombreux abus qu'elle a subis », a expliqué la gynécologue Cecilia Ousset, appelée pour réaliser l'intervention d'urgence.

2

Mutilation sexuelle : fille entière, fille coupée

Le sexe des filles comme une chose entre les mains d'un père, d'une grand-mère, d'une famille, d'un village, d'un imam, d'un médecin, d'une communauté, décidant qui de le couper, qui de le coudre, qui d'en enlever les lèvres, une paire, deux paires, qui de les raboter, qui de les supprimer entièrement sans que l'enfant en soit avertie, laissée avec sa plaie saignante dans l'obligation de se taire et la terreur d'uriner tant c'est douloureux… Le sexe des filles comme un organe dont l'extérieur disposerait : dans des millions de vies de filles, c'est encore le cas. En recrudescence par endroits.

En quinze ans de journalisme dans des pays africains où la mutilation se pratique, je n'en avais jamais entendu parler. J'ai fréquenté des hôpitaux, des centres de soins et de nutrition, des femmes, des enfants. Rien. Personne ne m'en a jamais rien dit. Moi, je n'en ai rien vu. Le découvrir m'a fait éprouver honte et colère : en quelque sorte, j'aurais mal fait mon travail, je serais restée aveugle et sourde à quelque chose d'essentiel. Et puis, rencontrant récemment en France des femmes mutilées, j'ai compris la puissance du silence qui leur est imposé, intégré à la pratique d'une certaine manière. On te mutile et tu te tais, on te coupe le sexe et la parole, ce qu'on fait de ton sexe, tu n'as rien à en dire : ce récit ne t'appartient pas, ce sexe non plus ; les deux vont ensemble.

Mutiler le sexe, c'est le modifier, en faire un objet du corps social qui, lui, décide de ce à quoi il ressemblera. La nature n'a pas voix au chapitre. Le corps social redessine le sexe. C'est une façon de dire qu'il en a la maîtrise. De le signifier aux filles. Un sexe féminin mutilé, quand l'acte est poussé à l'extrême, c'est-à-dire le clitoris et les lèvres coupés et le vagin cousu, ne montre plus rien. Tout a disparu. Tout est effacé. On dirait un galet. Le corps social a supprimé tout ce qui se rapportait au sexe féminin. L'absence parfois de parole à ce sujet est du même ordre. Rien à voir. Rien à entendre. Le récit comme le sexe appartiennent à l'ordre social.

Preuve en quelque sorte qu'il s'agit bien pour le corps social de manifester sa prise de possession, la mutilation est l'objet d'une mise en scène, quelque chose d'assez théâtral qui se répète peu ou prou dans les différents pays. Elle a lieu des milliers de fois par jour, s'attaque à des enfants de 4 à 15 ans environ, commence généralement par un mensonge. Les adultes attirent l'enfant en lui mentant, une histoire de bonbons à aller manger chez une tante, de robe à acheter, de voyage à faire au village. Trahir la confiance, endormir les questions éventuelles, la curiosité. Conduire l'enfant vers un lieu. Parfois dehors, parfois dedans. Une pièce dans une maison familière. Un champ. Un bout de terre. L'enfant y retrouve un.e adulte au moins qu'elle connaît, qu'elle aime éventuellement, cette présence peut la rassurer.

Les choses à ce moment-là se précipitent. L'enfant est plaquée au sol ou sur un lit ou une table, sur le dos, saisie, tenue fermement. On lui écarte les jambes. On lui découvre le sexe. Un.e ou deux adultes lui tiennent les bras pour qu'elle ne puisse pas se débattre. Un.e ou deux adultes lui tiennent les jambes très écartées. Un autre approche armé d'un outil tranchant – rasoir, couteau. L'enfant hurle de peur. On lui intime l'ordre de se taire. Elle est parfois frappée si elle crie.

Le sexe de l'enfant est exposé de façon obscène, les adultes le regardent, le commentent. L'adulte armé du tranchant coupe le clitoris et souvent les petites lèvres en même temps. La douleur est assourdissante. Irradie tout le corps. Le cerveau, la mémoire.

Quand c'est fini, l'enfant doit se relever. On lui intime l'ordre de ne plus jamais en parler. On lui dit que maintenant elle a grandi. Qu'elle est une grande fille. Que c'est pour son bien. Qu'elle sera une femme honorable.

« J'ai donné naissance à un enfant, dit la jeune femme, face à la caméra. Ce n'est rien comparé à la douleur que j'ai ressentie ce jour-là. » Elle avait 11 ans. Elle est en larmes. « *I felt hopeless, I felt helpless.* On m'enlevait tout espoir, tout sentiment d'une aide possible. Je me sentais abandonnée. Je n'avais d'importance pour personne. » Cette trahison majeure. Désespérante. Dont les filles évidemment se sentent aussitôt coupables. Le corps social, lui, ne doute de rien, ne voit pas la violence, la trahison, le chagrin incommensurable. Le corps social agit à la façon des prédateurs. C'est à sa victime de prendre à sa charge le doute, la culpabilité, la douleur, le repli du soi, le silence.

La mise en scène est mise en scène d'une dépossession. Le sexe des filles, ce dont ce jour-là on les dépossède, appartient à un corps social décidant de ce qu'elles peuvent ou non en faire et, d'abord, en conserver. Le sexe des filles devient lui-même un espace public auquel la fille, elle, n'aurait qu'un accès limité. Elles en perdent ce jour-là la jouissance. C'est ce qui leur est signifié. Elles n'ont pas à en jouir.

Une quarantaine de pays pratiquent encore le geste : 98 % des Somaliennes de 15 à 49 ans[6], 97 % des Guinéennes, 93 % des Djiboutiennes, 87 % des Égyptiennes et des Soudanaises, 83 % des Maliennes et des Érythréennes vivant aujourd'hui sont mutilées. Ne pas oublier non plus les jeunes filles issues de l'immigration vivant dans les pays occidentaux et mutilées lors de retours au pays pendant les vacances.

Les chiffres pour l'instant admis sont que 200 millions de femmes dans le monde seraient mutilées, mais ce ne sont que des estimations. L'OMS considère qu'environ 3 millions de filles risquent chaque année de l'être, la plupart avant 15 ans. L'Unicef estimait, dans un rapport publié en 2016, que les moins de 14 ans représenteraient 44 millions du total.

Les mutilations sexuelles sont généralement rangées en quatre catégories.

Type 1. Clitoridectomie : ablation partielle ou totale du clitoris ou du capuchon du clitoris.

Type 2. Excision : ablation partielle ou totale du clitoris et des petites lèvres, parfois des grandes lèvres.

Type 3. Infibulation : rétrécissement de l'orifice vaginal avec recouvrement par l'ablation et l'accolement des petites lèvres ou des grandes lèvres, avec ou sans excision du clitoris. (Djibouti, Érythrée, Éthiopie, Somalie, Égypte, Soudan et dans le sud de la péninsule Arabique.)

Type 4. Toutes les autres interventions nocives pratiquées sur les organes féminins à des fins non thérapeutiques, comme la ponction, le percement, l'incision, la scarification et la cautérisation.

Des raisons sont bien sûr invoquées à cette pratique. Multiples, archaïques. Parfois différentes selon les pays. Comme l'indique cet expert de la question : « Pour la Guinée, il s'agit d'une norme sociale, la mutilation s'accompagnera d'une fête ; le Mali donne souvent des raisons ayant plus à voir avec une pensée de la sorcellerie ; l'Égypte établit des rapports avec des préceptes de l'islam… »

Dans les années 1970, en tout cas, l'ONU refuse de se saisir du sujet au nom des valeurs culturelles de chaque pays. Aujourd'hui encore, s'y opposer, venant d'Occidentaux non concernés par la menace, est parfois considéré comme une sorte de néocolonialisme, un désir d'imposer à l'autre, la femme mutilée, des normes européocentristes.

Certaines sociétés sont persuadées que chaque individu est hermaphrodite et que seule l'ablation du clitoris fera d'une fillette une « femme pure ». Les mutilations sont aussi censées éprouver la capacité de résistance à la douleur et définir le futur rôle des femmes dans la vie et le mariage tout en les préparant aux douleurs de l'enfantement (*sic*). Une femme non mutilée est considérée comme impure. Les mutilations auraient pour effet de favoriser la fertilité. Le clitoris, considéré comme un organe venimeux, risquerait de piquer l'homme et de tuer le bébé à la naissance[7].

Parmi les autres raisons invoquées, atténuer le désir sexuel est évidemment massif : réduire ou éliminer le plaisir sexuel donné par le clitoris, les lèvres, le vagin. But invoqué : favoriser la virginité avant le mariage, la fidélité après, la chasteté. Beaucoup de femmes mutilées en attestent, leurs rapports sexuels sont sans plaisir.

Au désir masculin donné comme irrépressible (la verge bande, la volonté n'y est pour rien) s'oppose donc la domination d'un désir féminin donné pour plus contrôlable, ses signes sont discrets – lubrification, érection du clitoris –, beaucoup plus internes, une femme les cachera facilement. On mutile la femme pour que l'homme n'ait pas à contrôler ses pulsions. Comme dans le cas de l'inceste, la charge est inversée. Le contrôle des pulsions doit reposer sur elle. On la mutile également pour qu'elle n'ait pas à connaître cette jouissance féminine qui la rendrait infidèle, empêcherait donc de savoir de qui est son enfant, réduirait donc à néant les lois de transmission du patrimoine. La frigidité des femmes comme garante de l'ordre social : on retrouve l'obligation faite aux mères de tuer leurs filles.

Pour persuader les filles du bien-fondé de la mutilation, on leur en donnera les autres raisons : faire comme maman, identification à l'héritage culturel, initiation des fillettes à la condition de femme, intégration sociale et maintien de la cohésion sociale. On leur dira aussi parfois qu'il s'agit d'hygiène et de raisons esthétiques, organes sexuels réputés sales et laids. « Sans clitoris on est lisses, on est propres » (*sic*), me dira avec conviction cette jeune femme mutilée lors d'un groupe de parole. Si nécessaire, on ajoutera des mythes, l'excision accroît la fécondité, et « si le clitoris touche la tête de l'enfant à l'accouchement, l'enfant peut mourir ».

« En termes simples, les parents ne veulent pas que leurs fils élèvent les enfants d'autres hommes, mais ils veulent également que les futurs époux (et futurs beaux-parents) croient en la fidélité de leurs filles. Dans notre communauté, couper les filles reste le meilleur moyen de garantir de bons mariages », expliquent des familles éthiopiennes[8].

Ce sont des récits. On fait à la fille un récit des règles présidant à son appartenance au féminin. Elle devra s'y conformer. Ce récit s'oppose à sa jouissance. Sa jouissance n'est pas réputée bonne pour son acceptation par le corps social. Le corps social craint que sa jouissance, si elle en disposait, ne rende plus difficile l'ordre des corps. « Elle cache aussi une raison qui ne dit pas son nom mais dont les adultes sont conscients, reprend le texte éthiopien : favoriser le fonctionnement de la polygamie par la réduction du désir sexuel des femmes afin de permettre aux hommes d'en avoir plusieurs. »

Qu'importe, alors, ce qu'il en coûtera aux filles. On fait l'impasse sur les conséquences, les séquelles. Le jour même, d'abord, une douleur très intense, accompagnée d'une peur terrible, d'angoisses pouvant entraîner un état de choc, puis un risque d'hémorragie parfois mortelle, une infection des plaies, la rétention des urines, des lésions des organes voisins. Ensuite, à plus long terme, des dysménorrhées (règles irrégulières), infections génitales, stérilité, infections urinaires, incontinence, douleurs au niveau de la cicatrice, kystes, abcès, neurinomes, problèmes liés à la grossesse et à l'accouchement (travail bloqué, déchirures, fistules), en particulier pour les femmes infibulées.

La mutilation enfin modifie la physiologie de la zone sexuelle, favorise la sécheresse vaginale. Formé à l'emplacement du clitoris coupé, un « bourrelet cicatriciel » modifie la zone vaginale, limitant sa mobilité, l'écartement de la vulve. Les rapports sexuels peuvent être douloureux, les accouchements plus difficiles. Sans oublier bien sûr des conséquences psychologiques à court, moyen et long terme, troubles du comportement, perte de confiance en soi et dans les êtres aimés (trahison parentale), anxiété, angoisse, dépression.

Des refuges secrets pour ne pas être excisées

À 13 ans, Rhobi Samwelly a imploré ses parents de ne pas la faire exciser. En vain. Elle a subi l'excision et une hémorragie qui a failli la tuer. Elle consacre sa vie désormais à protéger les jeunes filles tanzaniennes quand arrive décembre, les congés d'été, la saison des mutilations ; elle gère deux espaces sécurisés de Hope for Girls and Women dans la région rurale de Mara. Mais comment s'y rendre, où les trouver ? Depuis 2015, Crowd2Map Tanzania, avec l'UNFPA et des milliers de volontaires dans le monde via OpenStreetMap, cartographie le pays, les routes, afin que les jeunes filles puissent s'y rendre[9]. Elles peuvent rentrer chez elles une fois que leurs parents se sont engagés à respecter leur souhait de ne pas être mutilées, et à les scolariser. Celles dont les familles refusent restent dans des maisons d'hébergement, où elles poursuivent leurs études.

En 2013, trois chercheurs soudanais ont rencontré environ 2 000 femmes infibulées, comme 66 % des 12 millions de Soudanaises ; 20 % ont subi des complications physiologiques et médicales immédiates, douleurs et saignements ayant nécessité pour 25 % une hospitalisation immédiate et des transfusions sanguines et, de là, des septicémies (21,3 %), rétentions urinaires aiguës (17 %), septicémies des plaies majeures (20,2 %) et lésions urétrales (16,5 %). Des complications ultérieures ont affecté 42 % des femmes, notamment des fistules vésico-vaginales (FVV) pour 10 % à la suite d'un accouchement, infections, atteintes du système urinaire, etc.

Mais qu'importe, la fille sera réputée mariable, sérieuse, bien élevée, elle trouvera un mari, elle sera admise dans la communauté des femmes mutilées, conservera sa place parmi les siens. « J'ai l'impression de trahir ma mère, je me suis mis en tête de demander pardon à tout le monde, y compris mes ancêtres », explique cette jeune femme guinéenne qui a décidé de demander la réparation chirurgicale de son clitoris. Une place leur était accordée, connue depuis des siècles en tant que femmes mutilées, « coupées », disent certaines. Quelle place dès lors qu'elles sont *entières* ?

Seul le français utilise à ce sujet l'expression « mutilation sexuelle ». La plupart des autres langues parlent de mutilation génitale. C'est une erreur, l'attaque du sexe doit être nommée comme telle. D'autres disent simplement *cutting*, ce qu'une partie de l'Afrique francophone, notamment la Guinée, traduit par « couper », « la coupe ».

Désormais, en tout cas, de très nombreux textes internationaux l'interdisent clairement, tous les États aussi, à l'exception de l'Indonésie et du Mali, la reconnaissent comme violation des droits humains à l'intégrité physique et mentale et à la santé, discrimination fondée sur le sexe, traitement cruel, inhumain et dégradant, atteinte aux droits de l'enfant ou tout simplement à la vie !

Mais le propre des violences faites aux filles est de persister « dans le cadre de leur interdiction ». Ce que la loi interdit, le corps social le maintient.

De plus en plus d'opposants montent pourtant au créneau et les résultats dans ce cas sont encourageants, la pratique diminue ; régulièrement, des communautés, des villages, des groupes de villages décident son abandon officiel. Parfois c'est la mort d'une enfant qui sert de détonateur, souvent c'est un long travail de parole, de sensibilisation. L'étude menée à partir des données de l'Unicef fait état d'une baisse de 7,3 % par an en Afrique de l'Est entre 1995 et 2014, de 4,4 % en Afrique du Nord et de 3 % en Afrique de l'Ouest.

« Chaque fois que je faisais face à un cas de complication à l'accouchement à cause d'une mutilation, j'appelais la femme du village chargée de mutiler les filles pour qu'elle assiste à la souffrance endurée par la future mère, rapporte un membre de l'ONG Vision du Monde en Éthiopie[10]. Aujourd'hui, elle a arrêté et est impliquée dans l'éducation des filles au sein du comité local. »

Dans toutes les régions où de tels projets se développent, regroupant ONG, parents, filles, professeurs, responsables locaux et religieux, les résultats sont au rendez-vous. Les fillettes ne sont plus atteintes par surprise et contre leur volonté. Résiduellement pourtant, une autre tendance inverse se dessine, de femmes adultes demandant leur excision volontaire. Le phénomène a été repéré notamment en Ouganda, venant de femmes entre 20 et 30 ans. « Au cours de cette journée, je me suis sentie si fière, raconte l'une d'elles à la BBC. Avant, j'étais considérée comme un enfant, mais maintenant je suis quelqu'un de respecté. » La concurrence des récits là aussi portée à son comble. Certaines ne peuvent s'opposer à celui que majoritairement le corps social leur dessine comme identité.

À l'opposé des progrès, malheureusement, deux autres tendances les remettent en cause, la médicalisation de la pratique et la resoumission des femmes voulue par l'ordre moral de l'islamisme radical.

Au Moyen-Orient en effet, contrairement à la tendance générale, l'Unicef révèle une hausse des mutilations : 13,7 % entre 1997 et 2013. À partir de l'Égypte, pays d'origine de l'excision, où elle atteint encore par endroits 80 % des femmes (voir le chapitre « Égypte », p. 225), la pratique se développe au gré des migrations vers le Golfe. De nombreux prêcheurs et imams égyptiens parfois proches des Frères musulmans y ont propagé leur credo : soumettre la sexualité féminine. Les

« Printemps arabes », en favorisant l'apparition massive de jeunes filles dans un espace public d'où elles étaient exclues, se sont soldés par un échec sanglant en Égypte et en Syrie. Le retour de bâton s'est immédiatement dirigé contre elles. Des imams en Égypte et dans certains États du Golfe ont exigé que soit réactivée leur excision. Couper le sexe, couper la parole.

Une esthétique de la mutilation ?

Dans *La Servante écarlate*, remarquable série télévisée adaptée du roman de Margaret Atwood et dessinant une humanité à venir de plus en plus écartée du cycle naturel du sexe et de la reproduction, de plus en plus séduite par leur marchandisation et par la soumission des femmes en fonction de critères d'appartenance sociale, l'excision est le châtiment réservé entre autres aux femmes se laissant aller à des rapports homosexuels. Plus de clitoris.

Il est très rare que la pratique soit associée à l'Occident, qui a pourtant commencé à l'introduire au XIXe siècle pour « calmer les hystériques », empêcher la masturbation ; des cas d'infibulation ont aussi été répertoriés ; empêcher l'accès au sexe et à son plaisir. L'idée sera vite abandonnée.

Mais elle revient à la mode aujourd'hui sous une tout autre forme de « chirurgie esthétique » (*sic*) s'attaquant au clitoris, aux lèvres et au vagin chez des jeunes filles américaines ou libanaises, brésiliennes ou italiennes tentant de se soumettre à des critères de taille, de forme. La pratique est évidemment une aubaine pour les cliniques privées. Elle est surtout en train de propager l'idée d'une esthétique de la mutilation sexuelle, un narcissisme inversé, consistant à attaquer le plus intime de soi, le marquer, le réduire.

L'idée est en soi déjà troublante. Mais elle a un écho malheureusement dans les nouvelles pratiques de mutilation sexuelle « médicalisée », dans les pays la pratiquant traditionnellement. Passer par un docteur, une clinique, des gestes considérés comme techniques, comme si on allait effacer la violence de l'atteinte en la transformant en acte « médical ». Le récit à nouveau est fictif, mensonger. Tel est le piège aujourd'hui tendu par des médecins ayant trouvé là de nouvelles sources de revenus non négligeables et des parents laissant entendre que l'acte serait ainsi « normalisé » et surtout ne pourrait plus être critiqué dans la mesure où le docteur aurait tranché.

Ce jour-là au Caire, la salle de conférences est pleine à craquer. Des médecins, chercheurs, activistes, ONG, sont venus dire non à la médicalisation de l'excision. Ils sont très inquiets. Alors que la pratique régresse grâce aux campagnes d'information et de sensibilisation, certains la réactivent en passant par la médecine et l'idée d'une nécessité esthétique.

Grand, la trentaine, enflammé, le docteur Amr, également enseignant, ne mâche pas ses mots : « Ce n'est pas une opération, c'est un crime, comment pourrais-je transmettre ça à mes étudiants ? C'est la porte directe vers l'enfer, une arme terrible et pour nous tous une guerre de long terme. La seule chose que je dois enseigner à mes étudiants, c'est à dire non. » La colère de l'obstétricien ne retombe pas. « Des mères accompagnent leur fille de 11 ans chez un docteur qui inspecte son sexe et décide ce qu'on coupera du clitoris et des lèvres jugées trop volumineuses. On fait ça comme de la cosmétologie, du make-up... Vous imaginez pour la fillette ?! »

Dans la salle à sa suite, un autre médecin s'insurge, explique que petites et grandes lèvres continuent de grandir avec l'enfant, absurde donc de les couper !, et que le sang afflue dans les lèvres pendant les rapports sexuels, leur faisant jouer un rôle, donc, dans le plaisir de la femme, celui de l'homme également. « Cette médicalisation est une catastrophe, elle laisse entendre que l'excision aurait un rapport avec la santé, mais beaucoup de docteurs font ça dans le seul but d'avoir plus d'argent, redit le docteur. Le serment d'Hippocrate engage les médecins à soigner et pas à mutiler ! »

Deux gynécologues américains ont pourtant récemment proposé de légaliser l'excision en la transformant en une pratique médicale encadrée ! Mais personne surtout, encore une fois, ne pose la question des filles auxquelles ces amputations s'adressent. Leur faire croire que pour être une femme séduisante, elles doivent faire raboter leur sexe, après leur avoir fait croire que pour être simplement une femme, elles devaient en perdre la partie la plus féminine… Redoutable paradoxe.

La pratique malheureusement se développe en Indonésie mais aussi en Europe. Des filles issues de l'immigration sont emmenées dans des cliniques à Londres ou ailleurs le temps d'un week-end, comme on va faire des courses. « Sous couvert de correction vaginale, des médecins sur le territoire belge pratiquent l'excision sunnite consistant en l'ablation du capuchon du clitoris, explique la députée bruxelloise Fatoumata Sidibé[11] ; ce qui selon eux n'est pas une clitoridectomie et ne viole donc pas la loi. » Cela « au motif de venir en aide aux personnes en détresse et leur faire éviter ainsi la pratique cruelle de la lame de rasoir, sur une table de cuisine », lit-on dans la revue médicale en ligne *MediQuality* en mars de cette année. Ainsi porte-t-on atteinte au sexe « a minima ». Ainsi, en fait, en réalité, relance-t-on l'atteinte. Une sorte de mutilation postmoderne, ne pas laisser le sexe intact, ne pas laisser la fille entière, laisser entendre qu'être une fille en quelque sorte passerait par là.

En Europe, le risque est loin d'être anodin. Selon le Parlement européen, 500 000 femmes et filles dans l'Union européenne sont mutilées et 3 millions de filles par an (8 000 par jour !) courent le risque de l'être, le plus souvent à l'occasion de vacances, parfois sans le consentement des parents, forcées par une grand-mère ou une tante restée au pays. Dans les années 1990, des exciseuses venaient en France : « Elles faisaient le tour du quartier et nous excisaient les unes après les autres », se souvient Rose-Marie[12]. Les premiers procès ont mis fin à la pratique mais des actes isolés persistent et, surtout, des cliniques privées en Grande-Bretagne proposeraient des « week-ends » au cours desquels la fille serait mutilée. En 2007, un sondage réalisé auprès de 254 membres du Groupement des gynécologues obstétriciens de langue française de Belgique (GGOLFB) révélait que des demandes d'excision ou d'infibulation avaient été formulées cette année-là. Tous les praticiens ne résistent pas à l'attrait du gain, surtout quand la demande peut être maquillée par des considérations « esthétiques ».

À l'opposé, heureusement, d'autres sont engagés dans l'acte inverse, la réparation des sexes mutilés. La France est un des pionniers, la réparation effectuée dans des cliniques ou des hôpitaux est intégralement prise en charge par la Sécurité sociale quelle que soit la nationalité des femmes ; le geste est humanitaire. « Les femmes retrouvent un sexe "normal" au bout de plusieurs mois – six, en moyenne, explique Ghada Hatem[13]. Les terminaisons nerveuses se reconstruisent progressivement et permettent à la femme d'avoir des sensations et du plaisir sexuel. »

3

Le mariage de larmes

« La première nuit, ma mère était dans la pièce d'à côté pour que je n'aie pas peur, raconte Fathia, je n'avais que 13 ans, je n'avais pas encore eu mes règles. Elle ne m'avait rien expliqué. Comme elle était là, il n'a rien fait. Il m'a violée la deuxième nuit, j'ai crié tellement j'ai eu mal. Je n'ai pas été assez patiente [*sic*]. Il a continué toutes les nuits suivantes. J'ai crié toutes les nuits mais ça n'a rien changé. J'ai eu mes règles un mois plus tard. Je suis tombée enceinte. Ma fille est morte à 1 an. J'avais 14 ans. J'ai divorcé à 17. Le plaisir ? J'ai appris à la télévision que ça existait. »

« Moi je voulais être mariée, dit Houria, assise à ses côtés, qu'est-ce qu'on peut faire d'autre ici ? Je l'ai vu une demi-heure exactement, il avait dix ans de plus que moi, j'étais sûre d'être amoureuse, je voulais tellement. J'avais très peur quand même, personne ne m'avait rien expliqué. Il m'a violée. Je criais, je pleurais. J'ai eu tellement mal. Toutes les nuits. Pendant des jours je n'ai pas pu marcher normalement. — Combien de temps as-tu eu mal ? — Aujourd'hui encore, dix ans après, j'ai toujours mal, personne ne m'a dit la vérité sur ce que c'était, personne ne m'a protégée. J'avais à peine 16 ans, j'ai divorcé un an après. »

Massoud aussi s'est marié sous la pression familiale, dans le même village marocain ; il avait 27 ans, son épouse 16 ans. « Je l'ai vue une demi-heure, je ne l'ai pas trouvée jolie. La première nuit a été sauvage [*sic*]. La fille a crié jusqu'à ce que j'aie fini. Ça a duré quinze jours. Toutes les nuits je la violais, toutes les nuits elle criait. On m'avait dit que c'était comme ça. On a fini par comprendre qu'en fait elle était blessée. On a divorcé trois mois plus tard. J'appelle ça la catastrophe. La catastrophe, ici, c'est normal. »

J'ai compris lors de ces entretiens dans le Haut-Atlas marocain pourquoi les Afghanes, les Turques et d'autres encore ont baptisé ces unions *mariages de larmes*. Instaurer le viol comme norme, y soumettre des enfants. Aucun bénéfice pour personne. À Imilchil, village à 2 500 mètres d'altitude, durement atteignable après des heures de bus, où certains sont encore nomades, le sort des filles est très lié à l'école, mais collèges, lycées, universités, trop éloignés pour qu'elles s'y rendent quotidiennement, les contraignent presque au mariage comme échappatoire. Beaucoup y sont soumises entre 13 et 15 ans et ces mariages échouent à 80 %. Alors, les filles divorcées encore mineures retournent dans leurs familles et travaillent pour elles dans les champs, sans argent, sans autonomie, tentent parfois un second mariage qui à son tour peut échouer. Quelques autres finissent par grossir les rangs de ces prostituées invisibles du Maroc intérieur.

La loi marocaine interdit pourtant le mariage de mineures, mais a maintenu un article autorisant les juges à y donner leur accord. « Si je pouvais, dit Massoud, moi tout seul je supprimerais cet article, il fait tant de mal. »

Ce jour-là, à l'Assemblée nationale française recevant un colloque sur les filles en 2018, un responsable de l'Unicef dans un pays d'Europe, abordant le mariage des mineures, listera ses conséquences négatives. Isolement social, déscolarisation, santé, grossesses précoces, impact sur la croissance. J'attends la suite. Elle ne viendra pas. À aucun moment cet homme n'évoquera la violence sexuelle. Rien sur ces mariages comme institutionnalisation du viol. Même un responsable de l'Unicef l'évite. Maintient ce jour-là le tabou.

Imagine-t-on une norme imposant à des millions de garçons d'être quotidiennement sodomisés en échange d'une stabilisation des revenus de leur famille, du paiement d'une dette, ou même de leur « protection » ?

Ce viol des enfants mariées partout sur terre est un des paradigmes de la place faite aux filles les plus pauvres dans notre communauté humaine. Qu'on admette que des enfants de 9 ans se fassent violer toutes les nuits au motif que leur famille est pauvre est une chose. Qu'un responsable de l'Unicef en Europe le taise est une injure faite à ces enfants.

Nous devons le dire jusqu'à ce que cela cesse.

« La pratique du mariage précoce est largement admise dans certaines contrées du Bénin, notamment dans le Nord, indique Flora Honkue, directrice d'un centre de promotion sociale[14]. La population considère le rapport sexuel, et donc le viol, comme une forme de consommation, voire de contractualisation du mariage. »

Sur cette violence, des chiffres existent. Toutes les deux secondes, une fille est mariée contre son gré, soit 39 000 par jour, dans plus de 50 pays à travers le monde. À l'échelle mondiale, 1 fille sur 9 (soit 12 %) est mariée avant 15 ans ! La pratique touche environ 12 millions de mineures chaque année, dont 39 % en Afrique subsaharienne.

La fille n'a pas de désir. Elle est désirée à telle ou telle place. Dans tel ou tel lit. Placée contre son gré dans telle maison. Objet d'un échange entre deux hommes. Une nouvelle fois condamnée à se taire. Dépossédée de toute volonté personnelle, pour elle-même, sa propre existence, son corps, son sexe, sa sexualité plus encore. Les enfants mariées subissent dans de nombreux foyers le viol quotidien de leur mari mais aussi celui d'autres hommes fréquentant la maison. La fille est désirée. La forme ne peut être que passive. On n'entend pas que la fille désire car elle désirerait qu'on ne la viole pas. Son non-désir peut même, dans certains cas, déclencher davantage de plaisir de la part des hommes.

Le mariage d'enfants, de fait, est souvent facteur de multiviolences. N'oublions pas que beaucoup d'entre elles ont d'abord été mutilées. Non seulement leur sexe ne leur procurera généralement pas de plaisir, mais il sera qui plus est source de douleur, que ce soit lors des rapports, surtout quand ils sont forcés, mais aussi des grossesses et des accouchements.

Plusieurs rapports ont par ailleurs attiré l'attention sur la violence physique et le viol conjugal dans le cadre des mariages d'enfants. En Inde, au Mozambique, au Népal, au Pakistan, en Tanzanie et en Zambie, par exemple, note l'ONG End Slavery[15], plus de 70 % de filles ont cité leur mari ou partenaire comme auteur de violences physiques. Dans le monde, 84 millions de filles, soit 1 sur 3 de 15 à 19 ans engagées dans une union officielle, y ont été victimes de violences émotionnelles, physiques et/ou sexuelles.

Après avoir été mariée à 12 ans en Afghanistan à un homme de plus de 60 ans (*sic*), Freshta a souffert d'une grave dépression. « Je suis tombée enceinte et j'ai accouché. Il ne me laissait pas voir mon bébé. Je ne pouvais ni le prendre dans mes bras, ni l'embrasser, ni le nourrir. Je voulais mettre fin à mes jours pour échapper à ce calvaire[16]. »

Les écarts d'âge jouent en faveur de ces violences. Au Nigeria, ils sont de douze ans en moyenne lorsque l'épouse a moins de 15 ans, souvent de dix-huit ou vingt ans pour les plus jeunes mariées de mariages polygames. Une étude dans le nord et le sud de l'Éthiopie a révélé que les filles sont mariées entre 5 et 10 ans dans le Gojam et à 12 ou 13 ans dans le Wolayita.

À ces violences s'ajoutent l'impact du mariage sur la santé et l'éducation, des risques élevés associés à l'activité sexuelle, la grossesse et l'accouchement. « L'isolement et la fin abrupte de l'enfance, combinés aux abus physiques et sexuels, peuvent avoir de profonds effets sur leur santé psychologique. Les filles abandonnent massivement leurs études, limitant ainsi leurs chances dans la vie, et leur capacité et leur confiance à prendre des décisions éclairées. En outre, le droit peut leur conférer un "statut d'adulte" et leur ôter les protections auxquelles elles ont normalement droit en tant que "mineures"[17]. »

Les grossesses précoces sont un autre fléau de ces mariages

Dans les pays en développement, 1 fille sur 3 est enceinte avant ses 18 ans. Selon l'OMS, 16 millions de filles âgées de 15 à 19 ans donnent naissance chaque année à un enfant. Les moins de 15 ans sont plus de 1 million ! Cent quatre-vingt-quatorze en meurent chaque jour ; les grossesses précoces et leurs complications sont même la première cause de mortalité chez les 15 à 19 ans. Une adolescente de cette tranche d'âge a deux fois plus de risques de mourir en accouchant qu'une femme de 20 ans. Le même risque est cinq fois plus élevé chez les moins de 15 ans.

Ameena, Yéménite mariée à 15 ans, est tombée enceinte très vite. « Je ne savais pas ce qui m'arrivait, on aurait dit que quelque chose d'effrayant se passait dans mon ventre. Ma colonne vertébrale a subi des dommages. Je n'étais pas prête à accoucher. Je n'étais pas prête à avoir un mari. Je ne savais même pas ce que signifiait le mariage[18]. »

Et Faith[19], Kényane : « Un matin au réveil, je n'avais que 11 ans, mon père m'a dit que nous étions pauvres et que nous avions besoin d'argent. Il m'a expliqué qu'un homme plus âgé du village allait m'épouser en échange d'une dot qui permettrait de soulager la famille d'une partie de ses problèmes financiers. Avant, j'allais devoir subir les mutilations génitales féminines. Quel choix avais-je ? »

Refuser, s'enfuir sont des choix extrêmement difficiles à 11 ans, et pour aller où ? La réponse, temporaire, une fois encore, réside dans la création de refuges.

Âgée de 15 ans, l'Ougandaise Abura a refusé d'épouser l'homme que son père avait choisi. Son père et son frère la battirent avant de l'enfermer en compagnie de son époux, qui la viola. Elle réussit à s'enfuir et survécut trois semaines dans la brousse avant de rentrer chez elle, où son frère la battit de nouveau. Finalement, elle parvint à s'échapper et trouva refuge dans un centre pour victimes de violences.

Les pays les plus pauvres d'Asie marient aussi beaucoup de mineures ; au Bangladesh, selon l'Unicef, bien que ce soit illégal depuis 1929, 66 % de filles sont mariées avant 18 ans, un tiers avant 15 ans ; 27 % des épouses ont entre 12 et 14 ans ! Radha Rani Sarker est née en 1995 dans une famille pauvre du village de Khanshama. Sa chance est d'être parrainée à 3 ans par l'ONG Plan International. Elle devient d'autant plus consciente de la condition féminine que son père, tresseur de bambous, a épousé sa mère quand elle avait 12 ans. « En voyant la souffrance de ma mère, j'ai décidé que je n'aurais pas la même vie[20]. » Toutes ses sœurs ont arrêté leurs études. Le père meurt d'une crise cardiaque quand Radha a 14 ans. La famille lui trouve un prétendant de dix ans son aîné. Sa mère, veuve et sans revenus, n'a pas la force de s'opposer au mariage. Radha est emmenée de force chez l'une de ses sœurs aînées, enfermée. « Je passais mes journées à pleurer. Un jour, je me suis enfuie. J'ai sauté dans un bus et je suis rentrée chez ma mère. » Les claques de sa sœur ne la feront pas revenir. L'adolescente arrive à s'assurer le soutien d'un « cousin éduqué » et de sa mère. « Ils ont fini par me laisser tranquille ! » Radha reprend alors ses études, financées par des prêts de ses professeurs et Plan International. Aujourd'hui, elle étudie les sciences sociales tout en poursuivant son combat contre le mariage précoce. Elle est ce que l'on appelle une *wedding buster*, une briseuse de mariage.

Malheureusement, une nouvelle loi de février 2017 abaisse l'âge du mariage au Bangladesh pour des

« circonstances spéciales », notamment les adolescentes violées ou enceintes. « La loi n'a pas fixé d'âge minimum, les enfants peuvent donc être mariés à 14, 15 ans », dénonce la Coalition pour les droits des enfants au Bangladesh.

Dans les pays et régions les plus pauvres d'Amérique latine enfin, comme au Guatemala, environ 53 % des femmes qui ont aujourd'hui 20 à 24 ans ont été mariées avant 18 ans et 13 % avant 15 ans, selon le Population Council. Beaucoup en ont subi de lourdes conséquences : retirées de leurs études, certaines dès l'école élémentaire, victimes de violences physiques et sexuelles, confrontées à des grossesses dangereuses sans recevoir les soins médicaux adaptés. Leur vie est contrôlée par des hommes plus âgés qui les considèrent comme à peine plus que des domestiques sexuelles et ménagères.

Parce qu'elles sont dotées d'organes sexuels donnant aux hommes de quoi assouvir leurs désirs, et d'organes reproducteurs leur donnant des enfants, des millions de filles se voient retirer tout accès personnel, autonome, à leur propre développement. À 15 ans, c'est fini. Ne reste plus qu'à gérer obligations maternelles, conjugales, familiales.

Depuis 2017, c'est un progrès, l'Organisation internationale du travail (OIT) inclut le mariage forcé dans les statistiques de l'esclavage moderne (voir p. 138, 147) et reconnaît qu'il touche des millions de filles ; une chance peut-être pour que ces unions soient de plus en plus remises en cause.

Mais, dans le même temps, leur nombre dans de nombreux endroits recommence à augmenter à cause des guerres, comme en Syrie, ou des crises économiques, migratoires, voire climatiques (voir p. 171).

4

Le viol des filles

Être une fille, c'est avoir ce corps, ce sexe, ces attributs du féminin et les faire siens progressivement. La question du désir est centrale. Des actes accomplis au nom de ces désirs.

Être désirée : être violée

Pour des millions de filles, le destin féminin commence comme ça, par le fait qu'être désirée, c'est être violée, confrontée à un désir absolument étranger à soi et dont pourtant il faudra subir la conséquence.

Dans cet acte, plus encore, le désir de la fille, ne pas être violée, n'a pas le début d'un commencement de place. Son corps devient un territoire d'où son propre désir est exclu par la force. C'est ça le viol. Ça le rend sidérant.

Quand un ami de mon cousin, un soir de mariage, a mis son doigt en moi un été sur une route de campagne alors que j'avais 13 ans et lui le double, je n'ai rien dit, pas bougé ni émis un son. Je ne savais pas que ça existait. Encore n'était-ce pas la pénétration d'une verge. Je n'aurais sans doute rien dit non plus. Pour les mêmes raisons. Ne sachant si ça se fait ou pas, si on est censé dire oui ou non, si c'est bien ou mal, si c'est toujours comme ça que ça commence ou pas.

J'ai échappé trois fois à des viols plus tard, n'étant plus mineure depuis peu. Comme sur le chemin, je ne savais pas que ça existait, dans ma vie. C'est stupéfiant combien le sentiment le plus prégnant à ce moment-là est la solitude.

J'ai eu la chance de tomber sur des peureux, des pas grands de taille, des terrifiés par ce qu'ils étaient en train de faire, je l'ai vu dans leurs gestes, leurs yeux. J'ai eu la chance d'avoir le caractère que j'avais, d'avoir déjà eu des rapports sexuels déplaisants, de savoir que je ne voulais pas d'une verge que je ne veux pas en moi, couteau ou pas. J'ai pu faire au mieux pour moi. Au premier, j'ai donné un baiser en disant que mon mari allait se fâcher si j'étais en retard, qu'il valait mieux qu'il s'en aille et que c'était agréable de l'embrasser ; j'ai nourri son narcissisme de pauvre type et ça a suffi. Je m'en suis voulu de nourrir son narcissisme, mais c'était toujours mieux qu'un viol. Le deuxième, je l'ai découvert chez moi, dans mon rez-de-chaussée, j'ai hurlé d'emblée pour que les voisins entendent, il est parti. Le troisième m'attendait dans une HLM en Algérie pendant un reportage, à l'étage où j'habitais. Il fallait que je puisse rentrer chez moi, sinon où serais-je allée ? Je l'ai affronté, j'ai hurlé, il a rangé son sexe et il est parti.

Dans les trois cas, j'avais très peur. C'est terrifiant le visage d'un homme qui veut vous violer. Comme on n'est plus rien tout à coup. Comme il occupe absolument toute la place mentale. Comme on est obligée de lui consacrer absolument toute son attention. Comme on n'en oublie rien jamais.

C'est une peur qui reste, colore le rapport à venir aux hommes, leur désir et le sien propre. Des millions de mineures de tous les pays le subissent chaque année. Une véritable pandémie. Le non-dit à cet égard est pourtant constant quand on commence à chercher les chiffres, constater leur absence.

Pourquoi ne sait-on pas combien de mineures sont violées chaque jour en France, aux États-Unis, au Brésil, en Russie, en Espagne, au Maroc, en Égypte ? Combien ? À quel âge ? Par qui ? Avec quelles suites ? Quels procès ? Quelle absence de procès ? Quelles maladies ? Quelles tentatives de suicide, quelles dépressions ? Pourquoi ce travail n'est-il pas fait ? Considère-t-on qu'il n'est pas nécessaire ? Pourquoi ne produit-on pas ce savoir ? Pourquoi laisse-t-on cette question dans le flou, l'imprécision ?

Je crois que si 200 garçons étaient victimes de viol ou tentatives de viol chaque jour en France, quelque chose aurait lieu, serait pris en compte, des députés exigeraient des études, des lois, des actes.

Doit-on penser que, des filles mineures, on s'y attend en quelque sorte…

L'acte est une constante, un invariant, quels que soient le continent, la société. Au Royaume-Uni par exemple, en 2016-2017, 45 % des poursuites pour viol concernent des enfants : environ 10 par jour, 100 si on élargit aux infractions sexuelles, mais les statisticiens pensent que le chiffre réel est environ six fois plus élevé, puisqu'une infime minorité est déclarée. En France, en 2016, moins de 4 % font l'objet d'une plainte, selon l'ONDRP, l'Observatoire national de la délinquance et des réponses pénales. Or, en 2017, 8 788 plaintes ou signalements pour viols sur mineures ont été enregistrés mais, là aussi, les spécialistes pensent qu'il faudrait les multiplier par dix pour atteindre le chiffre réel des atteintes. Soit 87 880, soit 240 par jour. Environ 80 viols par jour de mineures au Royaume-Uni ou en France, inceste compris, pourrait être une statistique à peu près correcte : 80 viols de mineures aujourd'hui, 80 demain, 80 après-demain, 2 400 dans le mois. Encore ne s'agit-il que des viols avérés. Si l'on rajoute les tentatives de viol, la statistique explose, atteint le sommet vertigineux de 200 à 400 par jour. Pas de quoi lancer de vraies enquêtes en effet.

Au Pérou, premier pays d'Amérique latine et troisième au monde en nombre de violences sexuelles, 71 % des viols concernent des mineures, 48 % des agressions ne sont pas signalées en raison de la peur, de la honte (!) ou du sentiment de culpabilité.

Tous les pays du monde connaissent peu ou prou cette situation. Seule une étude mondiale de cette pandémie montrerait l'étendue réelle du problème. Sans crainte de se tromper toutefois, entre 1 fille sur 3 et 1 sur 10 est confrontée avant son âge adulte à un rapport sexuel forcé, une première expérience sexuelle forcée, une grossesse issue d'un viol. Sans crainte de se tromper, l'immense majorité de ces crimes ne seront jamais dénoncés. La violence subie ne sera pas reconnue comme telle. L'agresseur ne sera pas reconnu comme tel. Rien de tel pour perpétuer un système de prédation.

Je propose qu'on dise maintenant : entre 1 garçon sur 3 et 1 sur 10 est violé avant 18 ans. Pour voir.

J'ajoute. Jusqu'à 50 % des agressions sexuelles dans le monde sont commises contre des filles de moins de 16 ans. Je l'ai déjà écrit mais je le répète. Ce chiffre personnellement m'ahurit chaque fois que je le lis. Selon l'Unicef, en 2017, 9 millions de filles de 15 à 19 ans ont été forcées à des rapports sexuels au cours de l'année. Plus généralement, en 2002, on estime que 150 millions de filles de moins de 18 ans ont subi une forme de violence sexuelle ! La première expérience sexuelle est forcée pour près de 45 % des filles de moins de 15 ans. Quand une fille de moins de 15 ans a une expérience sexuelle, c'est que cette dernière est forcée dans 1 cas sur 2. C'est-à-dire le premier acte. La première fois. L'initiation sexuelle comme expérience forcée. Une forme de marquage. L'absolu contraire de la liberté de désir.

La minoration des statistiques, l'absence d'études dignes de ce nom, empêchent de prendre la mesure. « Les mineur·e·s, grand·e·s oublié·e·s des statistiques », estime le dernier avis de la CNCDH en France[21] et, plus loin, « les chiffres ne prennent jamais en compte les violences sexuelles dont sont victimes les mineur·e·s. Il s'agit pourtant de la frange de la population la plus touchée par ces violences ».

Prendre en considération le nombre réel de viols sur mineures serait pourtant une façon, pour elles, de savoir que cette violence à leur endroit est entendue. Et non pas, une fois encore, le récit minorant, sous-entendre que la jupe pouvait être trop courte, le sourire trop blanc, le refus pas assez caractérisé, les cris trop rentrés, que peut-être elles consentaient, que peut-être elles ne couraient pas assez vite, que possiblement elles y étaient pour quelque chose, ne serait-ce que d'avoir déclenché ce désir.

L'histoire est toujours la même. Aux hommes, le désir. Aux filles d'exprimer leur refus. Qu'il s'agisse de leur père, leur voisin, leur professeur de tennis, leur professeur de mathématiques, leur chauffeur de bus, leur épicier, leur cousin, le chef de bande de la cité, le trafiquant de drogue de la rue adjacente. Le résultat est qu'elles se taisent. Qu'elles le taisent.

Les données du rapport « National Survey of Children's Exposure to Violence » aux États-Unis confirment que près de la moitié des adolescentes américaines âgées de 15 à 19 ans signalant avoir déjà subi des violences physiques et/ou sexuelles n'en ont jamais parlé à personne, et environ 7 sur 10 n'ont jamais cherché d'aide pour y mettre fin.

Ce n'est pas de leur fait. Pas un inné. Mais un induit. Un inculqué. Un traditionnel.

Un universel. Au Bangladesh, au Cameroun, plus de 1 ado sur 5 a des expériences de sexe forcé. Au Luxembourg, au Royaume-Uni, en France, plus de 1 femme sur 10 de 18 à 29 ans a été victime de violences sexuelles avant 15 ans. Au Nicaragua, plus de deux tiers des viols commis entre 1998 et 2008 concernent des filles de moins de 17 ans ; près de la moitié avaient moins de 14 ans ! En Inde, selon un rapport de 2013, il y a eu un bond de 336 % des affaires de viol d'enfants lors des dix dernières années. En Afrique du Sud, selon Childline[22], 1 fille sur 3 est victime de viol ou d'attouchements avant 18 ans.

La non-prise en compte de ces réalités, de leurs proportions, alourdit encore les risques de séquelles dont souffrent les filles attaquées.

« La méconnaissance des troubles psychotraumatiques porte lourdement préjudice aux victimes puisqu'elle entraîne une non-reconnaissance de leurs souffrances, de la gravité des conséquences sur leur santé, et qu'elle ne permet pas de faire un lien de causalité entre leurs symptômes et les violences sexuelles qu'elles ont subies », explique le rapport « Impact des violences sexuelles de l'enfance à l'âge adulte[23] ». Les atteintes sont non seulement psychologiques, mais également neurologiques, avec des dysfonctionnements importants des circuits émotionnels et de la mémoire. Ils sont liés à la gravité de l'agression, au caractère insensé des violences, à l'impossibilité d'y échapper, ainsi qu'à la mise en scène terrorisante et à l'intentionnalité destructrice de l'agresseur. Ces mécanismes neurobiologiques de survie entraînent une disjonction, avec interruption des circuits émotionnels et d'intégration de la mémoire, et sont alors à l'origine d'un état de dissociation (avec une anesthésie émotionnelle, un sentiment d'étrangeté, de déconnexion), de troubles de la mémoire dont une mémoire traumatique. Et c'est cette mémoire traumatique non intégrée qui, au moindre lien rappelant les violences, les fera revivre à la victime à l'identique, avec leur contexte, les émotions telles que la terreur, la détresse et le désespoir, les douleurs et les perceptions qui leur sont rattachées, ainsi que les mises en scène des agresseurs. Cette mémoire traumatique colonisera la victime et transformera sa vie en terrain miné, l'obligeant à mettre en place des stratégies de survie coûteuses et souvent handicapantes comme des conduites d'évitement (contrôle, phobies, troubles obsessionnels compulsifs) et des conduites dissociantes pour s'anesthésier comme lors de la disjonction initiale (conduites addictives, mises en danger, conduites à risques). Or, la méconnaissance de ces conséquences psychotraumatiques permet également de continuer à mettre en cause les victimes et de considérer qu'elles sont les artisanes de leur propre malheur en étant incapables d'aller mieux, de se relever, de tourner la page, d'arrêter de se victimiser, de sortir d'une prétendue fascination pour le trauma… De plus, elle est responsable d'une disqualification de la parole des victimes dans le cadre des procédures policières et judiciaires : on leur reprochera des réactions traumatiques normales comme la paralysie due à la sidération psychique ayant empêché la victime de s'opposer, de se débattre ou de crier, on leur reprochera les imprécisions liées aux troubles de la mémoire et à la dissociation traumatique (pouvant être à l'origine d'amnésies traumatiques fréquentes et de perturbation des repères spatio-temporels), on leur reprochera les délais pour porter plainte, liés aux conduites d'évitement et aux troubles dissociatifs.

Selon le réseau américain RAINN, Réseau national contre le viol, l'abus et l'inceste, les enfants victimes d'abus sexuels sont quatre fois plus susceptibles de développer des symptômes d'abus de drogues et de souffrir du syndrome de stress post-traumatique à l'âge adulte, trois fois plus susceptibles de vivre un épisode dépressif majeur, et de souffrir de pensées suicidaires[24].

Les agressions sexuelles sont par ailleurs une cause de problèmes de santé mentale à l'échelle mondiale, de blessures et d'infection par le VIH. Dans certaines parties de l'Afrique subsaharienne, elles ont atteint des proportions épidémiques.

Soutenu par le gouvernement du Malawi, l'Unicef et l'ONG Ujamaa, basée au Kenya, le programme No Means No (Non c'est non) enseigne aux enfants diverses techniques pour repousser les auteurs de violences sexuelles : coups de poing et de pied, détourner l'attention de l'agresseur, courir se mettre en sécurité, crier, faire une scène, demander de l'aide. Des cours aident également les garçons à rejeter les stéréotypes sexuels négatifs à l'encontre des filles et à s'opposer aux agressions sexuelles. Résultat : une réduction de 40 % des viols parmi les élèves et une nette augmentation des signalements d'agressions sexuelles.

Ce schéma aussi simple que sain devrait être obligatoire dans toutes les écoles du monde où se trouvent des filles : apprendre à taper un agresseur, à hurler, à demander de l'aide et à se mettre en sécurité.

Parce que, qui plus est, au-delà du viol et de son traumatisme, des pays, des communautés, des familles, imaginent encore retourner la situation contre les filles et ont pour ça une arme redoutable : l'obligation d'épouser son violeur. Une sorte de double peine, et surtout, le déni absolu de la violence subie. Le désir de la fille, ne pas avoir à se retrouver obligée à des rapports sexuels avec l'homme qui l'a violée, est effacé, inexistant.

Ces dernières années, les codes pénaux du Liban, de Jordanie, de Tunisie ont aboli les lois autorisant à gracier un violeur s'il épousait sa victime, mais d'autres les ont conservées, comme en Azerbaïdjan, Irak, Libye. Et surtout la pratique, elle, perdure. « Il est d'usage, dans bon nombre de sociétés, d'obliger la victime d'un viol à épouser son violeur. L'objectif, fait-on valoir, est de protéger l'honneur (?) de la jeune fille… En effet, une jeune fille qui a été violée est condamnée à rester sans mari – situation impensable dans bien des régions. Le viol-mariage est donc une pratique courante. » On retrouve étonnamment, une nouvelle fois, la question de l'institutionnalisation du viol sous une autre forme.

Le retour actuel à des conservatismes religieux puissants a même tendance, dans certaines régions, à le favoriser. En novembre 2016, par exemple, le gouvernement turc a tenté de faire passer un projet de loi prévoyant l'annulation d'une condamnation pour agression sexuelle sur mineure si l'agresseur épouse sa victime.

En Mauritanie, où les rapports sexuels hors mariage sont interdits, le piège se referme aussi, d'une autre manière : « Les filles victimes de viol appréhendent le fait de porter plainte et d'intenter des poursuites judiciaires, car, si elles ne parviennent pas à prouver leur absence de consentement, elles peuvent être pénalement poursuivies et détenues[25] » !

Les grossesses non désirées, enfin, sont l'autre séquelle massive, traumatisante, des viols de mineures. Au Pérou, par exemple, la moitié des grossesses chez les filles de 12 à 16 ans sont dues à un viol[26] ! De nombreux viols-mariages en sont issus. Mais aussi des avortements. Ou des grossesses rendues obligatoires par les lois en cours.

Au Paraguay, où l'avortement thérapeutique est interdit, le ministre de la Santé s'est déclaré opposé à l'avortement d'une fillette de 10 ans, enceinte de cinq mois après avoir été violée par son beau-père. Dans l'hôpital d'Asunción, le médecin a recensé, au cours de l'année écoulée, quatre grossesses d'adolescentes de 13 ans, douze chez des adolescentes de 14 ans, une trentaine chez des jeunes filles de 15 ans. C'est la première fois qu'une grossesse chez une enfant de 10 ans y est constatée[27].

Viol à l'école

Je ne l'imaginais pas non plus en démarrant ce travail, l'école est un autre territoire particulièrement dangereux dans la vie des filles. Autre retournement de taille : le lieu de l'émancipation devient celui de la menace, avec pour conséquence fréquente l'abandon des études.

Être violée sur le chemin de l'école ou à l'école, par des garçons plus âgés, des professeurs ou des membres de l'administration, est le lot de millions de filles dans le monde. Là où elles devraient acquérir autonomie et savoir, leur cerveau encore une fois est accaparé par ces atteintes, et leur avenir parfois soumis au chantage de professeurs liant résultats scolaires et faveurs sexuelles.

Chaque année, au moins 246 millions d'enfants sont victimes de violences, toutes confondues, à l'école ou autour de l'école, et les filles en sont les premières victimes[28]. On sait aussi que 66 millions d'entre elles manquent à l'appel dans les écoles et que les violences sexuelles en sont l'une des premières causes. Elles portent désormais un nom, les VGMS, violences de genre en milieu scolaire.

L'Afrique de l'Ouest et l'Asie du Sud sont les régions les plus affectées par ce fléau.

Près de 120 millions de filles, soit 1 fille sur 10 de moins de 20 ans, ont été confrontées à la violence sexuelle. Le harcèlement touche plus de 1 élève sur 3 entre 13 et 15 ans dans le monde.

En 2009, on estimait qu'environ 60 millions de filles et 29 millions de garçons étaient chaque année sexuellement abusé·e·s à l'école ou sur le chemin de l'école.

Selon l'Unicef, en Amérique centrale et latine par exemple, 28 % des filles reconnaissent que les trajets vers l'école ne sont jamais ou presque jamais *safe* (sécurisés) ; au Nicaragua, la proportion atteint 42 % ! Les principales menaces sont les agressions et viols sur le chemin ou dans les transports, de la part d'autres élèves ou de chauffeurs.

Une étude de Human Rights Watch au Sénégal en 2017 révèle aussi des dizaines de cas de harcèlement et de viol dans les établissements scolaires. « Vu le nombre de cas rencontrés rien que dans les écoles visitées à Dakar et en Casamance, on peut supposer que la situation est grave dans toutes les régions, précise une psychologue. J'ai parcouru pendant deux ans et demi le Sénégal. Je peux vous assurer que le phénomène est national. » Le ministère de la Santé, qui avait publié en 2016 le chiffre officiel de 3 200 viols déclarés, est donc loin du compte.

En 2004, sur 2 400 élèves du secondaire et supérieur de Niamey, au Niger, 50 % reconnaissent avoir fait l'objet de harcèlement sexuel ou de viol, et 45,5 % en avoir été témoins. Les principaux auteurs sont les élèves garçons (presque 60 %), les professeurs (environ 20 %), les fonctionnaires hors administration scolaire (7,9 %) et les agents de l'administration de ces établissements (7,2 %) ; ces violences s'accompagnent de menaces doublées de chantage, parfois aux notes, visites à domicile, invitations ou sollicitations inopportunes.

Une enquête en Centrafrique montre également que 27,4 % des élèves interrogées ont subi au cours des douze derniers mois des attouchements, l'imposition de rapports sexuels pour notes, des punitions permanentes pour avoir refusé des avances sexuelles, des viols ou tentatives de viol. En revanche, aucune victime n'a déposé plainte ou fait établir un certificat médical. En cause, l'inaccessibilité physique, géographique, économique, mais surtout culturelle des services auxquels se plaindre, la peur des représailles et aussi les inégalités sociales. « On note une vulnérabilité des victimes à cause de la corruption qui se pratique dans les institutions judiciaires. Les perceptions autour de la femme victime d'une agression sexuelle limiteraient leur possibilité de partager l'information sur les actes qu'elles subissent, en dépit de toutes les conséquences[29]. »

Évidemment, ces agressions à l'endroit où les filles sont censées apprendre sont lourdes de conséquences sur leurs capacités d'apprentissage et leurs résultats scolaires : manque de concentration, difficulté ou incapacité à étudier, chute des notes, manque d'assiduité scolaire et jusqu'à l'abandon pur et simple des études.

Au Mali, l'expression « menace du bic rouge » illustre le fait que des enseignants tentent de séduire leurs élèves et/ou les forcent à un acte sexuel. L'ONG ECPAT au Mali le souligne dans son étude de 2017 ; la violence à l'école est devenue un des facteurs reconnus d'abandon et d'échec scolaire. Une enquête réalisée en 2009 révélait que 8 % des enfants consultés avaient été victimes d'exploitation sexuelle en milieu scolaire. En outre, ils estimaient à 75 % n'avoir bénéficié d'aucun recours, l'absence de sanction disciplinaire pour les auteurs de harcèlement et agressions sexuels contribuant à perpétuer ces pratiques.

Après la famille, l'école vient donc en deuxième position des principaux lieux de violation des droits de l'enfant.

Viol de guerre, viol de répression, viol politique

Son visage est couvert de larmes, ses mains tordues l'une contre l'autre, mais elle raconte jusqu'au bout. Les miliciens au service du président syrien Bachar el-Assad sont entrés dans sa maison, ses cinq filles étaient là, ils se sont dirigés vers la première ; elle, la mère, a défait son foulard et hurlé : « Prenez-moi à sa place », alors ils l'ont violée et ont violé ensuite ses cinq filles.

Cette chose autrefois inconcevable ne l'est plus. Les « Printemps arabes » se sont tragiquement retournés contre les filles d'Égypte, de Syrie. Les violer est devenu une façon de punir les pères et mères, les familles, les communautés. Mais ce sont elles qui en paient le prix. Il est considérable.

Le film *Syrie, le cri étouffé*[30] s'achève sur la tombe de Alwa, jeune fille violée dans les prisons syriennes pour avoir manifesté, et que son père a ensuite assassinée parce qu'elle avait été violée et avait donc sali l'honneur de la famille…

Le cas n'est pas isolé. D'autres se suicident. Le piège est d'une implacable cruauté. Leur solitude également.

En 1996, l'Unicef donne l'alerte[31] : « La violence contre les femmes et les filles, et spécialement le viol, a ajouté sa propre marque de honte aux dernières guerres. » Viol systématique des adolescentes dans la volonté de « nettoyage ethnique » en ex-Yougoslavie. Viol systématique des adolescentes lors de certains raids des *Interhamwe* au Rwanda. Engrosser l'ennemi. Lui faire porter l'enfant de l'autre camp. Porter atteinte à la famille et à la communauté via le corps de la mineure. Via la honte. Puisqu'il est dit qu'une fille doit se cacher de honte quand elle a été violée par l'ennemi. Puisque le retournement de la honte est une chose si ancienne. Puisque la honte n'est toujours pas du côté du violeur mais de sa victime. « Beaucoup de celles qui tombent enceintes sont rejetées par leurs familles et leurs communautés. Certaines abandonnent leurs enfants. D'autres se suicident », conclut l'Unicef, inquiet de cette tendance.

La suite est un cauchemar. Le XXIe siècle fait du corps des filles un terrain de bataille, de domination. Le viol est religieux, politique, parfois systématique.

Avec l'islamisme radical comme celui de Daech est réactivée une culture du viol comme asservissement, la domination masculine comme domination idéologique. L'extrémiste confond son corps, son désir, son sexe et sa conviction. Marteler dans le corps de l'autre son pouvoir absolu, inentamable, irreprésentable d'une certaine manière et se répétant donc à l'infini. L'asservissement vu par Daech ne peut qu'être un acte refait avec chaque fille soumise à sa loi, un passage à l'acte réitéré sans cesse. La fille, la vierge, l'adolescente, la jeune pubère, c'est-à-dire celle qui n'est plus enfant mais pas encore femme, est profondément inscrite dans un imaginaire décrivant que le martyr aura soixante-dix vierges en récompense dès son arrivée au paradis. On soumet le féminin, l'impur, le non-musulman.

Les jeunes filles yazidies irakiennes systématiquement violées par Daech parce qu'elles appartiennent à une minorité religieuse antérieure à l'islam témoignent de cette « théologie du viol », racontent comment les violeurs font la prière avant et après, comment des fatwas colorent d'un jargon faussement juridique et religieux l'arme du viol, comment les violeurs en parlent comme d'une façon de « se rapprocher de Dieu ».

Double peine effroyable ; dans certaines provinces d'Irak et d'Afghanistan, si elles ont la chance d'être libérées et de rentrer chez elles, certaines sont tuées par leur clan parce qu'elles ont été « souillées ». Daech le sait. Ce sont les hommes qu'il cherche à atteindre à travers ces viols. Et malheureusement, ça marche. Malheureusement, les hommes des clans entonnent à leur tour le chant de la « pureté ». C'est d'homme à homme. Le sexe violé des filles, leur douleur, leur effroi, ne sont rien.

Au Nigeria, le groupe djihadiste Boko Haram (Livre interdit) se procure de très jeunes filles en les enlevant de force pour « attirer les recrues masculines et motiver les combattants ». Après avoir conquis la deuxième plus grande ville de l'État de Borno, un petit groupe de combattants a pénétré dans la maison au toit de chaume de la famille de Hawa, 15 ans. « Mes parents ont refusé de me donner en mariage, alors ils les ont tués devant moi et m'ont emmenée. » La photojournaliste américaine Stephanie Sinclair[32] l'a interviewée en novembre 2017, comme d'autres jeunes filles forcées d'épouser certains des hommes les plus violents du monde, « en cage pendant des mois », « agressées sexuellement chaque jour par des hommes qui sentaient le sang ».

Parfois aussi, comme en Syrie, c'est l'État qui emploie le procédé. « Des filles d'à peine 12 ans subissent des violences sexuelles, y compris de la torture physique sur leurs organes génitaux et des viols », constate en 2013 Save the Children dans son étude *Childhood under Fire*. Même constat trois ans plus tard de Human Rights Watch dans une publication consacrée à la détention des enfants et aux agressions sexuelles en prison, *Extreme Measures : Abuses against Children Detained as National Security Threats*[33]. En 2014, des enquêteurs affirment que « l'ONU a rassemblé des preuves de la violence sexuelle subie par les mineurs détenus par les forces gouvernementales dans des lieux de détention officiels et clandestins » ; « cette violence servirait à humilier, blesser, obtenir des aveux forcés ou faire pression sur un parent pour qu'il se livre ».

Les jeunes filles syriennes enfermées pour avoir manifesté contre le régime ou pour faire pression sur leur famille et qui sont désormais systématiquement violées racontent toutes ce viol-punition : « Tu veux la liberté ? La voilà, ta liberté ! dit un garde en insérant ses doigts dans le vagin de Malina. On va te donner la liberté sexuelle ! » Punies d'avoir revendiqué, punies d'avoir pris part au débat public, punies d'avoir élevé la voix contre les hommes au pouvoir et ses représentants.

La même implacable violence s'applique également en Égypte depuis l'échec de la « révolution » de la place Tahrir et la reprise en main du pouvoir par le maréchal Abdel Fattah al-Sissi. Dans son rapport glaçant de mai

2015[34], la FIDH (Fédération internationale des droits de l'homme) note : « Pour les détenues politiques, les “tests de virginité” sont quasi systématiques », on les viole en les accusant d'être des prostituées (sous-entendu puisqu'elles se sont manifestées dans l'espace public), « stratégie qui vise non seulement à éradiquer l'opposition mais plus largement à asphyxier la société civile », « politique générale d'humiliation », « mettre au pas les jeunes générations, instaurer un ordre moral contraignant ».

Mais tout ne s'arrête pas là. Le 10 décembre 2018, le gynécologue-obstétricien congolais Denis Mukwege monte, à Oslo, à la tribune du prix Nobel de la paix qui vient de lui être accordé. Mot après mot, il établit une réalité que nous ne savions pas possible. Le viol des bébés. Non plus seulement les femmes, puis les jeunes filles, puis les fillettes. Une sorte de descente continue et que rien n'interrompt vers le pire, dans ce pays ravagé par des années de guerre. « La première fois, en 1999, devant une jeune fille dont l'appareil génital avait été déchiqueté par des balles tirées dans son vagin, il a cru qu'il s'agissait de l'œuvre d'un fou. Mais les filles ainsi martyrisées ont afflué vers son hôpital, confrontant les soignants à des questions médicales jusque-là inédites[35]. » « Les viols sont planifiés, explique-t-il, organisés, mis en scène. Ils correspondent à une stratégie visant à traumatiser les familles et détruire les communautés, provoquer l'exode des populations vers les villes et permettre à d'autres de s'approprier les ressources naturelles du pays. C'est une arme de guerre. Il y a moins de trois semaines, une petite fille de 18 mois nous a été amenée, l'appareil génital explosé. Neuf bébés sont arrivés dans le même état depuis janvier, 36 enfants de moins de 10 ans. Je n'avais pas encore vu ça. »

L'universelle culture du viol

Le viol, prendre le corps d'une fille contre son gré, le pénétrer contre son gré, fait partie des récits premiers, massifs, interminables de la domination sexuelle d'un masculin se voulant viril sur un féminin jugé interchangeable, corvéable, inhabité. Le viol comme narration est une des bases des chroniques humaines. Pléthore dans le mythologique, le religieux et le traditionnel, dans les œuvres de peinture, de musique, de poésie, de littérature. Impossible à ignorer, trop présent ; nos rapports entre garçons et filles naissent à ses côtés, troublant nos approches, les modifiant.

Le viol comme récit, y compris public, est un invariant. Sans doute est-on ainsi exposé de façon récurrente, sans même s'en rendre compte, à des images, des éléments de langage, des fragments de situation le mettant en scène. Et, qui plus est, des hommes ayant autorité, des figures publiques, dont la parole compte donc dans l'élaboration du récit public, des femmes aussi parfois, viennent en refaire l'apologie, le reciter comme possible, faisable, acceptable.

Ce qui m'a le plus marquée, en préparant ce chapitre que je tenais à lui consacrer, est que ces hommes et parfois ces femmes sont des représentants de l'ordre public, chacun à leur manière. Assez rares sont les individus conscients de la responsabilité s'attachant à leurs paroles. Ceux-là sont dans l'irresponsabilité perverse : plaidant le viol, jouissant sans doute de le faire en public.

Ce matin-là, à la radio, fin décembre 2018, un responsable de la Croix-Rouge française, de retour du Soudan du Sud, dit : « Lorsque vous avez un raid (de groupe armé), malheureusement il y a toujours une association entre des gains entre guillemets purement militaires sur un terrain et les gains matériels, que ce soit par exemple voler le bétail, voler les possessions ; et je dirais malheureusement le viol des femmes et le viol des filles font partie un peu de cette mentalité, il y a aussi beaucoup de destructions de propriétés, de villages civils. » Je l'entends. Venant de cet homme, avec sa fonction, je n'en crois pas mes oreilles. Comment, sans même s'en rendre compte, il glisse le viol dans une série de « gains matériels ». Comment ces glissements maintiennent le viol dans l'ordre des pertes et profits habituels des conflits, des habitudes, des « c'est comme ça ». Voilà, typiquement, ce qu'il convient d'appeler la culture du viol.

En juin 2017, le président philippin Rodrigo Duterte appelle explicitement au viol ses troupes militaires sur l'île de Mindanao. « Je serai emprisonné à votre place.

Si vous violez trois (femmes), je dirai que je l'ai fait. Mais si vous en épousez quatre, fils de putes, vous serez battus. »

Fin octobre 2017, lors d'un débat sur un projet de loi concernant la prostitution, l'avocat égyptien conservateur Nabih al-Wahsh déclare sur la chaîne Al-Assema que les filles portant des vêtements tels que des jeans déchirés devaient être harcelées sexuellement ou violées.

En janvier 2018, alors que la féministe française Caroline de Haas évoque la difficulté des femmes victimes de viol à reprendre possession de leur corps et à en jouir pleinement, l'ancienne actrice du cinéma pornographique français devenue animatrice radio lui rétorque : « On peut jouir lors d'un viol, je vous signale », alimentant l'imaginaire du viol « plaisant ».

Le 9 mars 2018, au lendemain de la Journée internationale des femmes, s'exprimant sur la recrudescence des viols au Sénégal, le professeur Songué Diouf suggère : « Pour les viols, je coupe la poire en deux. Vous faites tout pour que nous vous violions. Et quand nous vous violons, nous allons en prison. Et vous qui avez tout fait pour que nous vous violions, vous restez libres. » Personne sur le plateau télévisé n'a osé le contredire.

Le 13 août 2018 à Lima, le cardinal Juan Luis Cipriani a affirmé que les viols sur mineures étaient « souvent liés au fait que les jeunes femmes se présentent comme des vitrines, ce qui constitue une provocation ».

En 2003, à la députée Maria do Rosário, future secrétaire aux Droits humains (de 2011 à 2014) qui s'était violemment accrochée avec lui, Jair Bolsonaro, à l'époque simple député, avait lancé : « Je ne te violerai pas, parce que tu ne le mérites pas », car il la jugeait « trop moche ».

« Si dix combattants de Daech violent une femme, elle deviendra musulmane », précise une lettre signée des mains du chef de l'État islamique, Abou Bakr al-Baghdadi, dont on sait que lui et ses hommes inciteraient au viol collectif pour convertir les femmes.

Le viol rituel

La tradition du Malawi, interdite depuis 2013 mais qui perdure dans les villages reculés, impose à certaines filles d'être déflorées par des hommes surnommés les « hyènes », payés pour avoir des relations sexuelles non consenties – et non protégées – avec des adolescentes qui leur sont confiées trois jours dès leurs premières règles. À eux de les déflorer et de leur apprendre à satisfaire les hommes. Elles peuvent aussi être envoyées dans des camps « d'initiation sexuelle » où elles doivent apprendre à satisfaire les hommes, qu'elles aient 9, 11 ou 14 ans. Nues, elles doivent mimer l'acte sexuel et s'exercer à la fellation sur un morceau de bois…

Le tout favorisant la diffusion du sida et donnant lieu à des grossesses conçues dans le viol mais consacrées par la tradition…

III

La traite des filles

La journée est presque finie. L'interview a été longue, riche. Je commence enfin à comprendre à quelles réalités renvoie le mot « traite », son ampleur, les filles aux sexes convoités pour en faire de l'argent, une marchandise, qui se retrouvent trompées par de fausses promesses, éloignées de chez elles, vendues, enfermées.

Il est un expert de la question, se laisse peu gagner par ses sentiments. Et puis tout à coup, sans que rien le laisse présager, il dit : « Dans les camps de réfugiés des Syriens en Jordanie, tout le monde le sait, les hommes du Golfe viennent se servir. Ils repèrent les très jeunes filles. Les parents les leur laissent en pensant qu'ainsi elles seront protégées, parfois même les leur vendent, le font selon la coutume, sans juge. Il n'y a aucun suivi, personne ne sait ce qu'elles deviennent. C'est de la traite. Ça en fait partie. La traite des filles c'est ça, abuser de leur position de faiblesse pour les tromper, les déplacer, les emporter, les utiliser à son profit. Mais pour l'instant, la loi internationale exige qu'elle soit organisée en vue d'un gain financier pour la reconnaître comme telle. Nous nous battons pour faire reconnaître la notion de profit "privé", intime. En attendant, les Saoudiens jouent de ce vide juridique. »

La même situation se répète en Égypte, au Maroc, au Liban, partout où des hommes des monarchies du Golfe se servent parmi des jeunes filles particulièrement vulnérables en raison de leur exil, de leur grande pauvreté, de l'absence de structures d'État pour les protéger, font arranger de fausses unions temporaires ou définitives et les consomment aussitôt ou en les ramenant chez eux. Tout le monde dans ces pays le sait, finit par le dire quand on insiste un peu ; la colère gronde contre l'arrogance de ces hommes si riches que tout leur serait dû et leur impunité[1], mais aucun procès encore n'est venu les interrompre.

La traite, plus que toutes les autres violences peut-être, est l'application de la loi du plus fort. Elle consiste à se servir dans le grand magasin des êtres humains pour en faire une marchandise rentable pour soi (esclavage sexuel), pour sa famille (esclavage domestique) ou pour ses finances (exploitation sexuelle, prostitution). L'ultralibéralisme de nos sociétés la favorise. La traite des filles ne cesse de se développer partout, en Occident bien sûr, aux États-Unis beaucoup, en Afrique de façon pandémique, en Asie.

L'expression « traite des filles », en français, renvoie immanquablement à deux autres très marquées dans notre histoire, « traite des Noirs » et « traite des Blanches », un commerce de marchandises (la traite est un document de commerce) auxquelles sont assimilés des êtres humains enlevés à leur milieu de vie de force ou par ruse, déplacés, vendus, ou, pour les femmes, placées dans des lieux de prostitution pour en tirer profit.

Cinq cents ans plus tard, la pratique est devenue selon le FBI la troisième activité criminelle dans le monde en termes de milliards générés, juste après le trafic de drogue et d'armes.

La traite contemporaine des filles est un sinistre croisement de celles des Noirs et des Blanches.

Trompées, déplacées, vendues, exploitées, soumises à l'esclavage sexuel et/ou domestique, elles ne sont qu'une marchandise devant rapporter un profit. Quand on a lu les chapitres qui précèdent, on comprend pourquoi, dans bien des cas, transformer une fille en marchandise, y compris parfois avec son accord, n'est pas très difficile. Soumises à la misère, aux violences dans leurs familles, à l'extérieur, déconsidérées, les filles sont parfois prêtes à croire le premier mensonge venu pour peu qu'il leur brosse un avenir un peu attirant pour partir de chez elles, échapper aux contraintes de leur communauté, aller ailleurs trouver un emploi, gagner de l'argent, exister pour quelqu'un. La crédulité, la naïveté, l'absence de confiance en soi, de repères adultes, de soutien, de protection, conduisent à ces chimères.

La traite s'appuie sur le mensonge, la tromperie, parfois la violence, l'enlèvement, la vulnérabilité, l'ignorance, croire les belles paroles ; avoir été bercées de contes de fées illusoires. Et découvrir à l'arrivée l'exact inverse : mariage forcé, esclavage domestique, exploitation sexuelle, prostitution forcée, coups, enfermement ; des assujettissements bien pires parfois qu'ils ne l'étaient chez soi.

Ne pas apprendre aux filles ce qu'elles peuvent faire de leur vie, leur laisser entendre depuis la naissance qu'elles sont sans valeur et qui plus est une charge, une bouche et une vie en trop, les maintenir dans une image minorante et de soumission, conduit à ces catastrophes.

La traite, c'est faire croire à une adolescente népalaise très pauvre qu'elle va devenir masseuse en Inde et l'enfermer dans un bordel où elle est violée quarante fois par jour. Laisser penser à une jeune Égyptienne qu'elle va devenir la femme d'un Saoudien alors qu'il l'enfermera dans un appartement pour abuser d'elle pendant l'été. Faire miroiter un travail de serveuse à une jeune Mexicaine et la contraindre à l'esclavage sexuel aux États-Unis. Dire à une jeune Nigériane qu'elle va partir chez sa tante au Cameroun pour l'aider et poursuivre ses études, et qu'elle se retrouve en situation d'esclavage domestique, privée d'éducation, enfermée, battue.

La traite, comme l'explique très simplement Maria Grazia Giammarinaro, rapporteuse spéciale de l'ONU sur « la traite des êtres humains, en particulier les femmes et les enfants », exige trois critères : « En un, l'acte, de déplacement, d'hébergement, puis le moyen employé, que ce soit la tromperie, la force, l'abus de position sur personne vulnérable, et enfin le but, c'est-à-dire l'exploitation, la servitude, l'esclavage, le travail forcé[2]. »

Selon le « Rapport mondial sur la traite des êtres humains » de l'Office des Nations unies contre la drogue et le crime (ONUDC), la traite représenterait 32 milliards de dollars par an, poids économique considérable contrastant avec le « règne de son impunité » à l'échelle mondiale.

Les femmes et les filles en sont 75 % des victimes. Mais le nombre de femmes adultes a diminué tandis que celui des mineures augmente. Les enfants représentent aujourd'hui près de 30 % des victimes – parmi eux 70 % de filles. Selon le rapport de 2018[3], elles seraient désormais 23 % des victimes de traite, dans 72 % des cas piégées pour de l'exploitation sexuelle et dans 21 % pour du travail forcé, souvent domestique.

Dans certaines régions du monde, la traite des enfants est même celle qui suscite le plus de préoccupation. En Afrique et au Moyen-Orient, dans les monarchies du Golfe, ils représentent la majorité des victimes détectées, utilisés pour du travail forcé ou de l'exploitation sexuelle.

Au Nigeria par exemple, pays le plus peuplé d'Afrique, producteur de pétrole, doté d'une forte croissance économique, mais où 64 % de la population vit sous le seuil de pauvreté, la traite est particulièrement importante. Comme dans bien d'autres pays africains, elle n'est pas forcément liée à un déplacement à l'étranger, elle a lieu aussi à l'intérieur du pays, entre nationaux. Des filles sont emmenées de leur village ou de leur quartier pour aller « travailler » en ville ou dans une autre région. La rapporteuse spéciale de l'ONU sur la traite a publié un rapport sur le pays[4]. « Parmi les formes de trafic interne signalées figure la question des "usines à bébés", à savoir des orphelinats, maternités ou centres religieux où les femmes et les filles sont retenues contre leur volonté, violées et forcées de porter et de livrer des enfants parfois vendus dans une intention d'exploitation sexuelle et par le travail. »

Les filles nigérianes sont aussi soumises à de la traite vers d'autres pays africains, les États du Golfe et l'Europe. « Elles sont sacrifiées par leurs familles, explique de son côté M. F., un expert international sur ces questions[5], on les laisse partir à l'étranger dans des conditions très douteuses en espérant qu'elles reviendront en rapportant de l'argent. »

Dans leur cas, comme pour toutes les autres filles transportées à travers le monde, la violence de la traite commence dès le trajet. « Ce que les Nigérianes endurent pendant la migration est terrifiant, reprend M. F. Elles sont mises dans des bordels en Libye en attendant de reprendre le voyage. Ça dure des semaines. Elles sont séquestrées, abusées, violées. Souvent, c'est une fois enceintes qu'elles sont remises sur des bateaux vers l'Europe. » Là, elles transitent par l'Italie et sont ensuite envoyées dans différents pays d'Europe, au Royaume-Uni, en Italie, en France.

L'Organisation internationale contre l'esclavage moderne (OICEM) raconte la suite[6]. « Elles arrivent de plus en plus jeunes, à 12, 13 ans, déscolarisées, de familles très pauvres ; quelqu'un leur a fait miroiter un travail de nounou, femme de ménage, ou dans la coiffure. Au cours d'une soi-disant cérémonie avant leur départ, un "prêtre" a fait des incantations, leur a fait jurer de ne jamais dénoncer personne ni aller à l'encontre de leur situation, on leur a pris un bout d'ongle ou un peu de cheveux, on les a prévenues que leur famille en pâtirait si elles ne se tenaient pas tranquilles. La cérémonie a laissé croire à un droit de vie et de mort sur elles. Une fois à destination, on leur dit : "Maintenant, tu dois rembourser 30 000 ou 60 000 euros, tu dois te prostituer, c'est ce que font les autres, sinon elles sont frappées." » De fait, elles se retrouvent entre les mains de réseaux, souvent frappées, privées de nourriture ou violentées, nombre d'entre elles subissent des avortements forcés. Mais il est rare qu'elles se confient à la police ou aux associations, leurs proxénètes les en dissuadent, les menaçant de les renvoyer au Nigeria ou de s'en prendre à leur famille.

« C'est incroyable ce que ces filles acceptent en se taisant, reprend M. F. Les filles nigérianes qui arrivent dans un pays européen sont entendues par la police et parfois par des associations. Les entretiens sont confidentiels. Pourtant toutes se taisent. Il est infiniment rare que l'une d'elles en profite pour dire : Je suis là contre mon gré, je ne veux pas aller en France, ou ailleurs. De manière générale, les filles sont prises dans l'idéologie collective de leur manque de valeur. Leur seule façon d'être bien considérées, pensent-elles, est de se soumettre au sacrifice qu'on attend d'elles avec l'espoir de pouvoir rentrer au pays un jour avec de la considération parce qu'elles rapporteraient de l'argent. »

Partout la même histoire. Si les filles ne sont pas soutenues où elles sont nées pour apprendre, se former, développer leur propre existence, elles deviennent bouchons sur l'eau que n'importe qui ramasse, emporte, trompe. La traite des filles les conduit à deux impasses principales : le travail forcé, qui parfois s'apparente à de l'esclavage domestique, la prostitution et l'esclavage sexuel qui, dans le cas des mineures, peuvent également être très proches. Des filles piégées dans des situations d'esclavage domestique sont parfois victimes d'esclavage sexuel de la part des hommes de la famille pour laquelle elles travaillent. Un « sacrifice » particulièrement coûteux donc.

En 2013, alors rapporteuse spéciale de l'OSCE (Organisation pour la sécurité et la coopération en Europe) pour la lutte contre la traite des êtres humains, Maria Grazia Giammarinaro publiera même un rapport, « De la traite à la torture », s'inquiétant des conditions dans lesquelles l'une mène à l'autre ! Le lien est établi pour la première fois en 2008 par le rapporteur des Nations unies sur la torture. Le rapport de 2013, lui, fait état de réalités explicites à l'encontre de filles sexuellement exploitées en Europe : « Violence physique de la part des trafiquants, proxénètes, propriétaires de maisons closes et clubs, clients et petits amis, brûlées avec des cigarettes, étouffées, frappées à la tête et au dos, la tête cognée contre le sol ou les murs, agressées avec des fusils, des couteaux ou d'autres objets[7]. » « Même dans les cas de servitude domestique, continue le rapport, la violence physique peut être utilisée pour contraindre les enfants exploités, qu'ils aient été battus avec des fers chauds, fouettés, recouverts d'eau bouillante. »

Mlle O., du Togo, était enfant quand elle a été confiée à une famille togolaise à Paris. En échange de prendre soin de l'enfant de la famille, on lui a promis une rétribution et la poursuite de ses études. Elle a en fait été forcée de s'occuper en permanence de l'enfant, n'a jamais reçu le moindre salaire, devait tout faire dans la maison et n'était pas autorisée à parler à qui que ce soit à l'extérieur. Elle était punie quotidiennement pour n'importe quelle raison par la mère : brûlée à la cigarette, battue avec un fer à repasser, les paumes des mains brûlées par des plats très chauds. Parfois également, Mlle O. était obligée de rester nue sur le sol de la cuisine et devait mâcher du poivre tandis que son vagin était pénétré avec du piment rouge écrasé[8].

Pour repoussant qu'il soit, un tel récit se reproduit malheureusement là où dans le monde les situations d'esclavage à nouveau se développent. La traite fragilise d'autant les filles qu'elle les éloigne d'un milieu de vie où elles pourraient plus facilement trouver refuge et soutien. Les mettant en situation de dépendance extrême, elle les soumet à des individus sans scrupules, parfaitement conscients qu'elles n'ont aucun recours contre eux, que ce soit dans des situations d'esclavage domestique et sexuel ou d'exploitation sexuelle des enfants à des fins commerciales (ESEC).

1

Le retour à l'esclavage des filles

En entamant ce travail, je n'imaginais pas me retrouver face à une réalité pour moi depuis longtemps révolue, obsolète. Découvrir l'ampleur de l'esclavage contemporain m'a stupéfiée, puisque des centaines de milliers de filles aujourd'hui se retrouvent prises à ce piège.

L'esclavage est dans nos imaginaires et nos mémoires la pire forme de l'assujettissement d'un humain par un autre, souvent associé à des violences extrêmes. Une fois de plus, la grande vulnérabilité des filles pauvres les conduit par centaines de milliers dans ces impasses d'où s'échapper s'avère le plus souvent très difficile.

Selon le *Global Slavery Index* (*Index global de l'esclavage*), publié chaque année par la Minderoo Foundation australienne Walk Free avec les grandes agences internationales, en 2016, 40,3 millions d'hommes, femmes et enfants ont été victimes d'esclavage moderne, dont 24,9 millions astreints à un travail forcé et 15,4 millions retenus dans un mariage forcé. Dans son étude de 2012, l'Organisation internationale du travail (OIT) affichait quant à elle 21 millions de victimes de travail forcé, contre 25 millions en 2016, soit une augmentation de près de 25 % en quatre ans ! Mais c'est qu'il rapporte plus de 150 milliards de dollars par an à ses auteurs dans le secteur privé.

C'est en Afrique que l'esclavage moderne est le plus répandu, puis dans les régions Asie et Pacifique. Les dix pays les plus touchés sont la Corée du Nord, l'Érythrée, le Burundi, la République centrafricaine, l'Afghanistan, la Mauritanie, le Soudan du Sud, le Pakistan, le Cambodge et l'Iran, c'est-à-dire des États majoritairement touchés par des crises politiques et des situations de conflit favorisant tous les trafics.

Les femmes et les filles, selon le rapport conjoint de l'OIT et de Walk Free[9], sont disproportionnellement touchées par l'esclavage moderne et représentent 28,7 millions de victimes, soit 71 % du total général. Elles sont 99 % des victimes de travail forcé dans l'industrie du sexe, 58 % dans d'autres secteurs et 84 % des victimes de mariage forcé. Une victime d'esclavage sur quatre est un enfant. Quelque 37 % (5,7 millions) des victimes de mariage forcé sont des enfants, de même que 18 % des victimes de travail forcé et 21 % des victimes d'exploitation sexuelle à des fins commerciales.

Le rapport, curieusement, se contente de parler d'enfants sans distinguer filles et garçons, alors même qu'il distingue les hommes des femmes. Mais il suffit à vrai dire d'appliquer les mêmes proportions. Dans 90 % des cas, les enfants victimes de mariages forcés et d'ESEC sont des filles. Elles sont donc 5 millions touchées par le mariage forcé, étant entendu que celui-ci les expose « à un risque accru d'exploitation et de subir une vie de servitude, d'asservissement financier et d'exploitation sexuelle ».

L'esclavage proprement dit, touchant les filles, prend deux formes, domestique et sexuel.

Nommé parfois servitude, l'esclavage domestique touche absolument tous les continents et les pays, y compris occidentaux. Dans certains, comme la Mauritanie, des États du Golfe et les États-Unis (!), très marqués historiquement par un esclavage considéré pendant des siècles comme un des modes de rapports sociaux usuels, la trace de l'histoire est encore prégnante, la pratique n'a pas cessé.

Les États-Unis comptent 1 % des esclaves du monde[10] ! L'*Index global de l'esclavage* estime qu'ils représentent 2 % de la population en Mauritanie, et l'Arabie saoudite apparaît dans tous les rapports comme un des pays pratiquant le plus cette forme d'asservissement, notamment via les « petites bonnes », ces jeunes filles venant des pays les plus pauvres, Madagascar et le Népal, la Mauritanie et les Philippines, et qui, privées de papiers, se retrouvent à la merci de « patrons » exigeant un travail permanent, non rémunéré, interdisant les contacts extérieurs.

Selon l'OIT en 2004, il y aurait « 10 millions d'enfants bonnes à tout faire. Le travail domestique est le premier employeur des jeunes filles dans le monde ». Dix ans plus tard, l'ONG Plan International estime que 116 millions de filles de 5 à 17 ans sont exploitées dans le monde et, parmi elles, 11,3 millions réduites au statut d'esclaves domestiques.

Trois situations coexistent : les parents vendant leur fille à une famille pour payer une dette ou pour survivre ; confiant de bonne foi leur fille à une famille ; et les filles et/ou les familles trompées par des trafiquants.

Confier sa fille à une autre famille vivant à l'étranger est une pratique assez courante dans l'Afrique et le Maghreb, notamment et dans les pays musulmans où l'adoption n'existe pas. Certains appellent ça le « confiage ». L'enfant fait l'objet d'un accord entre sa famille et celle à qui elle est confiée, pour laquelle elle devra remplir quelques tâches ménagères ou de baby-sitting en échange du gîte, du couvert et de sa scolarisation. Une fois l'enfant emmenée à l'étranger, ou parfois dans son pays de naissance mais dans une autre région, il peut arriver que la réalité soit tout autre.

Au Maroc, où les inégalités sont très grandes entre hauts et bas revenus, de nombreuses enfants pauvres se retrouvent dans les meilleurs cas employées à 12 ou 14 ans par de jeunes couples urbains aisés les utilisant comme baby-sitters alors qu'elles devraient être à l'école, et non rémunérées puisqu'elles sont logées et nourries. « Dans leur villa, Achraf et Zineb, diplômés tous deux d'une grande école de commerce, ne cachent pas leur "petite bonne" : "Il est vrai qu'au début, elle a eu du mal à se séparer de sa famille, mais elle s'est vite adaptée. Avec notre fille de 10 mois, elles sont quasiment inséparables. Amina est un peu sa nounou." » Mais Amina, qui vient du très pauvre Haut-Atlas, a 14 ans…

En tout, entre 60 000 et 80 000 « domestiques » mineures sont employées au Maroc dans des conditions parfois inhumaines et en dehors du Code du travail marocain[11]. « Certaines travaillent dur douze heures par jour, sept jours par semaine, pour seulement 10 euros par mois », selon Human Rights Watch en 2012 ; « Certaines filles ont affirmé que leur employeur les battait et les insultait fréquemment, les privait d'éducation et leur refusait parfois des repas suffisants. » Selon l'ONU, le taux de scolarisation des filles du monde rural au collège est de 57,8 % et 18,8 % au secondaire. Dans le Haut-Atlas d'où vient Amina, très rural, très pauvre, très à l'écart, où seule l'agriculture propose un travail, les familles voient là une option.

Au Paraguay, petit pays enclavé de 7 millions d'habitants encore très rural aussi, un des plus pauvres de l'Amérique latine et comme le Maroc marqué par de très grandes inégalités, le même principe existe sous le nom de *criadazgo*, « pratique par laquelle une fille d'un ménage rural pauvre est envoyée vivre avec une autre famille dans une zone urbaine, apparemment pour assurer son accès à la nourriture et à l'éducation. L'enfant effectue des travaux domestiques, ce qui n'est habituellement pas rémunéré », explique la rapporteuse spéciale de l'ONU sur les formes contemporaines d'esclavage[12]. Il y aurait 46 933 cas, mais ce ne sont que les statistiques officielles. « Le *criadazgo* constitue dans bien des cas une forme contemporaine d'esclavage, les enfants deviennent souvent particulièrement vulnérables à la violence et aux abus. Une étude réalisée en 2013 par l'OIM (Organisation internationale pour les migrations) montre qu'ils représentent 90 % des victimes de violences sexuelles. De même le rapporteur spécial a été choqué d'apprendre des cas de violences physiques extrêmes, incluant violences sexuelles et brûlures après avoir été forcé de boire de l'eau de Javel. »

Comme dans le cas des États-Unis, de la Mauritanie, des États du Golfe, l'histoire du Paraguay a été marquée par l'esclavage pendant plusieurs siècles, des Africains et des Guaranis, par le colonisateur espagnol et les Églises. Les images perdurent davantage dans ce cas, les fantasmes, et la pratique. Tina Alvarenga fut pendant huit ans, à l'âge de 10 ans, la *criadita* d'une famille aisée quand l'usine de son père a fermé. Elle a continué l'école coûte que coûte. Elle combat aujourd'hui ce système. « Au Paraguay, dit-elle, les vaches sont mieux répertoriées que les enfants[13]. Sans identité, une enfant est bien plus vulnérable. Si elle n'est pas sur un registre, il n'est pas possible de contrôler dans quelles conditions elle vit. »

Biram Dah Abeid, lui, est originaire de la caste des Haratins, les Maures noirs esclaves par descendance en Mauritanie, son père est un esclave affranchi par son maître. Il a fondé en 2008 l'Initiative pour la résurgence du mouvement abolitionniste (IRA) pour combattre une situation encore très présente : selon les ONG, 4 à 20 % de la population mauritanienne serait réduite à l'esclavage, soit entre 150 000 et 700 000 personnes. Le viol des esclaves femmes et filles dès le plus jeune âge est la règle, assure-t-il[14] : « C'était codifié dans le Code de l'esclavage que j'ai publiquement incinéré : le maître a le droit de disposer du corps de toutes les filles et femmes qui sont ses esclaves, abstraction faite de leur nombre, âge ou consentement. En général, dès l'âge de 8-9 ans, les filles ont déjà toutes été violées plusieurs fois. De plus, elles sont aussi sous l'emprise sexuelle des fils du maître, du chauffeur, de l'entourage et même de l'hôte de passage. » Cet esclavage où l'on peut vendre, donner des esclaves, en faire ce qu'on veut, « a été inscrit dans la Constitution comme un crime, explique Fatimata Mbaye, avocate mauritanienne, mais aujourd'hui il y a très peu de condamnations et, quand il y en a, les peines ne sont pas exécutées ».

Autre situation de violence, le mariage forcé est désormais reconnu aussi comme comportant le risque important de conduire à des situations d'esclavage domestique. Il est d'ailleurs comptabilisé aujourd'hui dans les études sur l'esclavage. Pour rappel, Walk Free estime à 15,4 millions les femmes et filles retenues dans un mariage forcé ; pour rappel, chaque année dans le monde, 15 millions de filles sont mariées avant leurs 18 ans ; souvent, elles n'ont pas 15 ans et disent adieu à l'école. L'esclavage n'est pas forcément bien loin. La jeune fille peut se retrouver contrainte à du travail domestique et maternel constant, sans que ce travail lui apporte la moindre autonomie.

En juillet 2018, l'ONG Plan International au Vietnam a été alertée par les communautés rurales du Nord sur le fait que plus de 8 000 adolescentes avaient disparu en à peine trois ans. Dans ces régions montagneuses et austères, des réseaux criminels profitent de l'isolement pour enlever les filles et les vendre comme épouses en Chine. « Dès qu'une fille est mariée de force, tous ses droits lui sont arrachés, explique Sharon Kane, membre de cette ONG. On leur vole leur droit d'aller à l'école, leurs rêves et leurs espoirs d'une vie meilleure. » La plupart de ces filles subissent des violences domestiques et sexuelles et sont parfois forcées à devenir mères alors qu'elles ne sont encore que des enfants.

L'ONG alerte aussi sur les conséquences néfastes de cet esclavage, violences physiques et morales, agressions et bien sûr exploitation sexuelle. « L'épuisement physique et moral, les douleurs récurrentes dues aux tâches ménagères difficiles et trop lourdes pour des enfants, les risques de grossesses précoces et d'infections (comme le VIH) dues aux violences sexuelles sont autant de facteurs mettant en péril la santé. » Et puis, bien sûr, la déscolarisation perpétuant la pauvreté : « L'esclavage domestique, comme toute exploitation infantile, forme une barrière contre le développement économique et social des communautés et des pays. »

« Mon nom est Esther, j'ai 14 ans. L'année dernière, ma sœur m'a emmenée en vacances à Lomé, et m'y a laissée dans une maison comme domestique. Elle m'a dit que je devais aider ces gens. Je m'occupais du bébé, faisais la lessive et la vaisselle, commençais à 5 heures du matin. Ma patronne me battait parce que je ne lavais pas correctement les vêtements et la vaisselle. J'avais peur d'elle. Je suis restée quatre mois, je n'étais pas payée. Je voulais partir mais ma tante disait que je devais rester. Je n'étais pas d'accord mais elle me répondait que c'était mieux pour elle et qu'elle refusait de me laisser partir. Je ne sais pas pourquoi.

La patronne ne me laissait pas sortir et je pleurais en espérant que quelqu'un vienne me chercher. Je lui demandais si je pouvais rentrer à la maison mais elle ne voulait pas. Je rêvais de retourner au village, de retourner à l'école[15]… »

La grande pauvreté, souvent à l'origine de la vente des filles par leurs parents à des familles qui les exploiteront, se retourne donc une nouvelle fois contre elles. Comment une fille forcée de travailler douze heures par jour, soumise à de la violence, pourrait-elle gagner un peu de cette émancipation qui, à l'adolescence, permet aux autres d'envisager leur avenir et les moyens de le mettre en place ?

Le Népal, dont près du quart de la population vit au-dessous du seuil de pauvreté et 50 % est analphabète, est un autre de ces pays producteurs d'esclaves. Appelées « Kamalari », 80 % des esclaves domestiques viennent des zones rurales. « Dans ces régions reculées, des gens malintentionnés vont voir le père de la famille, font semblant d'être perdus… Ils affirment être de riches commerçants de Katmandou et profitent de la crédulité de la famille. Ils promettent des études, un travail, et de l'argent à la fille. Et alors que les parents pensent lui offrir un avenir, ils la condamnent en fait à partir à Katmandou où elle sera exploitée, servira dans des cabines-restaurants, *dance bars*, salons de massage, ou dohoris (bars chantants), où elles n'ont pas le droit de refuser les avances des clients. Le tout sans contrat de travail, bien entendu. Ou bien elle sera acheminée vers l'Inde, le Koweït, ou l'Arabie saoudite grâce à de faux papiers (qu'elle devra rembourser), avec la complicité du personnel de l'aéroport ou en passant par l'Inde, à pied. Chaque année, 300 000 femmes et filles vont ainsi à l'étranger, où elles se retrouvent dans des emplois domestiques, prostitution, travail forcé en usine, mariages forcés, mère porteuse, trafics d'organes. Comme elles sont arrivées avec de faux papiers, elles sont coincées dans le pays. « Beaucoup se suicident », explique la photojournaliste Lizzie Sadin, auteure de « The Trap, Trafficking of Women in Nepal », prix Carmignac du photojournalisme en 2017[16].

2

Esclavage sexuel des mineures : l'invisibilité des abus

La Cour pénale internationale donne de l'esclavage sexuel cette définition : « L'auteur a exercé l'un ou l'ensemble des pouvoirs associés au droit de propriété sur une ou plusieurs personnes, par exemple en achetant, vendant, prêtant ou troquant la ou les personnes concernées, ou en leur imposant une privation similaire de liberté » et « il a contraint la ou les personnes à accomplir un acte ou plusieurs de nature sexuelle. »

L'expression « droit de propriété », habituellement réservée aux choses, prend ici toute son importance. L'absence de consentement. De liberté de mouvement. Et, dans les pires cas, des gestes d'achat, vente et revente. La fille devenue possession, traitée comme telle. Raison pour laquelle l'esclavage sexuel se retrouve dans des actes de guerre.

Parmi les causes multiples favorisant l'esclavage sexuel, le fait que des dizaines de milliers de filles dans le monde sont sans existence légale les rend particulièrement vulnérables aux trafics. L'extrême pauvreté ensuite peut conduire des parents à « vendre » leur fille sans savoir forcément qu'elle deviendra esclave sexuelle. Le mariage précoce peut y conduire aussi ; en Guinée par exemple, près de 63 % des filles sont mariées adolescentes et, comme les Nigériennes et Maliennes, sont 75 % à ne pas pouvoir refuser un rapport sexuel à leur partenaire. La traite de filles en vue de leur prostitution, dramatiquement en hausse, peut aussi y conduire.

Selon les derniers chiffres de l'Organisation internationale pour les migrations (OIM), en 2016, au moins 1 million de mineures dans le monde sont victimes d'exploitation sexuelle forcée, retenues en moyenne deux ans avant de s'échapper ou d'être libérées. De là des situations d'esclavage sexuel.

« J'avais 11 ans quand je suis devenue travailleuse sexuelle, raconte Jacqueline, très tôt déscolarisée comme beaucoup de filles des communautés pauvres en Ouganda. Une amie de ma tante a dit à ma mère qu'elle pouvait me trouver un bon travail et que je pourrais ainsi terminer mon éducation en parallèle. Je pensais que le travail consistait à être serveuse, mais je me trompais. J'étais bien employée dans un bar, mais en tant que travailleuse sexuelle. Je n'ai jamais pu retourner à l'école. La fille la plus jeune qui y travaillait avait 9 ans. Ils voulaient des filles jeunes car elles n'étaient pas infectées par des maladies comme le VIH et pouvaient être "vendues" plus cher[17]. »

Déjà violée à 5 ans dans sa famille, la Mexicaine Karla Jacinto suit à 12 ans à Mexico un homme de 22 ans qui lui faisait la cour. « J'ai vécu avec lui trois mois. Il m'a très bien traitée, il m'achetait des vêtements, m'accordait de l'attention, m'offrait des chaussures, des fleurs, du chocolat. » Un jour, tout change, l'homme l'oblige à se prostituer à Guadalajara. Elle y sera violée par 30 hommes par jour pendant quatre ans, travaillant de 10 heures du matin à minuit tous les jours, de 2004 à 2008. Elle tombera enceinte d'un des proxénètes et donnera naissance à son enfant à 15 ans. Elle arrive enfin à fuir à 16 ans grâce à un client régulier qui lui trouve un refuge dans un foyer. Aujourd'hui, à 23 ans, Karla utilise son témoignage à travers le monde pour contribuer à sauver les dizaines de milliers de mineures esclaves sexuelles au Mexique, le plus souvent aux mains de groupes criminels dont les chefs se trouvent en Amérique centrale, au Mexique et aux États-Unis[18].

De plus en plus également, les mariages forcés d'enfants intègrent aussi ces statistiques puisque la fille s'y retrouve obligée d'accorder des rapports sexuels forcés. Les associations alertent notamment sur leur recrudescence dans les territoires et les périodes de conflit. Il arrive que des familles remettent elles-mêmes leurs filles à des chefs de guerre et membres de milices dans l'espoir d'obtenir une plus grande protection pour elles-mêmes, et peut-être parfois pour leurs filles… Mais dans d'autres cas, s'inquiète l'ONG internationale Anti-Slavery, on assiste à l'enlèvement de filles dans le but d'en faire des « épouses », notamment en Afghanistan, en Somalie, dans le nord de l'Ouganda, en Algérie, au Tchad, au Soudan, au Liban et en Palestine.

C'est aussi le cas des filles yazidies kidnappées et séquestrées par des islamistes et devenues leurs esclaves sexuelles. Takoshin et Helin, par exemple, n'avaient que 11 et 12 ans quand elles ont été kidnappées. Les combattants qui les asservissaient les ont abandonnées en fuyant. Elles ont été leurs esclaves sexuelles pendant trois ans. Helin a été contrainte d'avorter à trois reprises[19].

Le développement de ces enlèvements-asservissements de filles de plus en plus jeunes est tel que, en février 2019, le Comité directeur exécutif du contre-terrorisme du Conseil de sécurité de l'ONU a jugé utile de produire un rapport passionnant, « Identifier et explorer le lien entre la traite des êtres humains, le terrorisme et le financement du terrorisme[20] », dans lequel un lien clair est établi entre esclavage sexuel et terrorisme, c'est-à-dire l'emploi de l'esclavage sexuel pour terroriser les populations et les soumettre.

Dans le chapitre « Institutionnaliser la violence sexuelle et l'esclavage », le rapport note :

« Le recours systématique au viol, à la violence sexuelle, à la réduction en esclavage et à d'autres pratiques de ce type en tant que tactique pour répandre la terreur, faire progresser l'idéologie, décimer les communautés et exercer un contrôle sur la population – notamment les femmes – est particulièrement évident dans le modus operandi de l'ISIL [Daech], Boko Haram et Al-Shabaab. Malgré les tentatives visant à légitimer et à institutionnaliser ces actes de violence, y compris des justifications théologiques ou idéologiques, il est clair que de telles pratiques ont été conduites pour des raisons opportunistes.

Les esclaves ont été principalement exploités comme :

- Un outil de recrutement pour attirer de nouveaux combattants (par exemple, par le biais de mariages forcés) ou pour être directement déployés dans des opérations militaires (comme boucliers humains, informateurs, fabricants de bombes, bourreaux/kamikazes) ;
- Une marchandise à vendre et à revendre ;
- Un moyen de sécuriser le paiement d'une rançon ;
- Des instruments permettant d'assumer des rôles de servitude.

[…] En décembre 2014, le département Recherche et fatwa de l'EIIL [Daech] a publié une brochure en 27 points offrant des directives sur la manière de capturer, détenir de force et abuser sexuellement des esclaves […] et visant à fournir des motivations idéologiques pour justifier l'esclavage sexuel et l'esclavage.

[…] Le viol, l'esclavage sexuel et d'autres formes d'esclavage ont été utilisés pour affaiblir physiquement les femmes et les filles et faire en sorte qu'elles ne puissent plus jamais mener une vie normale. Les combattants de l'EIIL échangeaient et achetaient régulièrement des femmes et des filles non mariées en public dans des marchés d'esclaves. Ils ont également organisé des ventes aux enchères d'esclaves en ligne, à l'aide d'une application cryptée.

[…] Les actes de violence sexuelle, d'esclavage et de servitude domestique ont également été au cœur du modus operandi de Boko Haram, qui a enlevé des centaines de filles à Borno, Yobe et Adamawa et les soumet à la servitude domestique, au travail forcé et à l'esclavage sexuel par le biais de mariages forcés à ses militants. Certaines ont rapporté une hiérarchie d'esclaves, où les femmes qui refusent d'épouser les militants deviennent les esclaves des femmes esclaves.

[…] Al-Shabaab a également été impliqué dans des actes de violence sexuelle et d'esclavage. Les femmes évadées des camps du groupe terroriste ont déclaré avoir été victimes de viols collectifs et obligées d'utiliser des drogues, elles ont été principalement recrutées ou enlevées "pour fournir des rapports sexuels aux combattants de sorte qu'ils ne pensent pas à rentrer chez eux". Les filles déplacées des groupes marginalisés en zones très pauvres étaient les cibles principales. L'ONU a reçu des informations selon lesquelles certaines auraient été victimes de la traite par Al-Shabaab des régions côtières du Kenya à la Somalie, où elles ont été forcées à l'esclavage sexuel après avoir été trompées par de fausses promesses de travail à l'étranger, tandis que d'autres étaient forcées de devenir les "épouses" des insurgés. »

3

Prostitution

L'extension incessante des formes d'abus sexuels sur mineures passe enfin par ce qu'il est convenu d'appeler aujourd'hui l'« exploitation sexuelle des enfants à des fins commerciales » (ESEC) : prostitution d'enfants, pornographie mettant en scène des enfants, matériels contenant des abus sexuels d'enfants, exploitation sexuelle des enfants dans les voyages et le tourisme. L'Organisation internationale pour les migrations (OIM) estime que 20 % des 600 millions de voyages internationaux annuels sont liés au tourisme sexuel, dont 3 % à la recherche précisément de mineurs, soit au moins 3 millions de personnes voyageant dans ce seul but.

Placées dans des bordels, des hôtels de passe, des bars, des boîtes de nuit, sur des trottoirs, des sites de rencontres tarifées sur Internet ou des sociétés d'escort-girls, les filles victimes de traite le sont d'abord et avant tout pour rapporter de l'argent via la prostitution. Le trafic sexuel est l'une des plus grandes entreprises criminelles au monde. Tous les pays sont touchés. Des centaines de milliers de mineures parcourent sur tous les continents des milliers de kilomètres pour finalement atterrir dans des lieux de prostitution forcée, de l'Amérique du Sud, de la Chine et des Philippines vers les États-Unis ou d'un État américain à l'autre, du Népal à la Chine ou vers les États du Golfe, de l'Ukraine ou du Nigeria vers les pays d'Europe de l'Est, d'un État africain à l'autre. Certaines le font au départ de leur plein gré, croient y trouver une forme de liberté, de l'argent aussi, certaines sont enlevées, forcées ; la plupart sont trompées sur ce qui les attend, la plupart aussi ont les plus grandes difficultés ensuite à faire marche arrière.

Les chiffres parlent généralement de 2 millions d'enfants prostitués dans le monde, mais ils sont sous-évalués.

Certains pays sont particulièrement touchés par le fléau, comme le Mexique, à la fois très corrompu, pauvre et porte d'entrée essentielle vers les États-Unis. Selon l'étude de la fondation Scelles en 2013, le pays, avec 450 000 à 500 000 personnes prostituées, occupe le deuxième rang mondial pour la prostitution des mineures : 70 % des prostituées ont moins de 18 ans ! Au moins 16 000 mineurs sont victimes de traite à des fins de prostitution chaque année, les autorités déclarent 25 000 mineures prostituées, mais le chiffre devrait être plutôt triplé, voire décuplé. Le

Mexique attire massivement les touristes sexuels des États-Unis, du Canada et d'Europe de l'Ouest en quête de mineures prostituées dans les villes balnéaires et touristiques.

Les filles viennent d'Amérique latine, principalement du Salvador, du Honduras, du Nicaragua, de l'Équateur, du Brésil et de Colombie, parfois via Cuba, mais également d'Afrique, de Chine (souvent en direction du Canada) et même de l'Inde[21]. Certaines viennent également de régions pauvres du Mexique.

Le trafic des êtres humains y génère environ 22,6 milliards de dollars (20,87 milliards d'euros) par an, mais le taux de condamnations des individus pour traite n'est que de 2 %. Le département d'État américain reconnaît lui-même « un problème sérieux et chronique de corruption. Le gouvernement n'a condamné aucun fonctionnaire reconnu coupable de corruption depuis 2010[22] ».

Le Mali est aussi un pays d'origine, de transit et de destination pour la traite ; les filles d'autres pays d'Afrique de l'Ouest, en particulier du Nigeria, sont exploitées à des fins de prostitution dans tout le pays. Selon l'étude que leur a consacrée ECPAT Luxembourg, leur âge moyen est de 15 ans tandis que « l'âge minimum » pour le premier abus sexuel en échange de quelque chose varie de 10 à 13 ans. Cette précocité dans les rapports sexuels en échange d'une contrepartie, financière ou autre, est une des caractéristiques des enfants exploités dans la prostitution.

Les violences sexuelles en famille (harcèlement, abus sexuels) sont souvent à l'origine de leur situation, de même que la précarité économique de la famille. L'étude montre en effet que les mineures prostituées sont souvent déscolarisées, voire analphabètes, issues de familles précaires, disloquées, recomposées, ou en rupture de famille. Elles viennent de plusieurs pays africains dont la Côte-d'Ivoire, le Burkina Faso, la Guinée, le Sénégal, le Niger, le Liberia, le Ghana, le Nigeria, le Togo, le Bénin, la Sierra Leone ; beaucoup transitent simplement par le Mali à destination de l'Afrique du Centre, du Nord et de l'Europe. Des filles maliennes sont aussi victimes de traite sexuelle au Gabon, au Liban, en Libye et en Tunisie.

« On retrouve souvent le même schéma que pour la traite interne, note le rapport : un parent dans un centre urbain persuade (souvent contre argent) un autre parent resté au village de lui confier sa fille pour une opportunité de travail. La jeune fille, une fois arrivée en ville, est contrainte sous menaces de se prostituer "pour rembourser les frais de transport et les faux frais" liés à son déplacement qui ont été engagés. »

La pauvreté, comme pour la plupart des autres violences faites aux filles, est un accélérateur terrible de ces situations dans lesquelles des filles de plus en plus jeunes et de plus en plus nombreuses voient dans la prostitution une opportunité. Dans ce cas, elle ne semble pas forcée. Elle n'en fait pas moins partie des violences faites à des filles que le récit constant, minorant, d'être réduites à un sexe finit par gagner. À Madagascar par exemple, un des pays les plus pauvres du monde où 92 % de la population vit avec moins de 1,50 euro par jour, dans l'île très touristique de Nosy Be, 1 jeune Nosybéenne sur 4 se prostitue[23] ! Face à l'afflux de touristes et à la précarité due à la pauvreté extrême, les adolescentes préfèrent abandonner les bancs de l'école pour des passes à 5 000 ariary (environ 2 euros), parfois poussées par leur famille.

À Mykolaïv, grande ville du sud de l'Ukraine, l'histoire est la même : « Une de mes amies qui s'est prostituée pendant sept ans, raconte Natalyia, 17 ans, m'a dit que je pourrais le faire. Au début je ne voulais pas et puis finalement je n'avais pas le choix. Maintenant j'ai assez d'argent, je peux aider ma mère. Elle ne sait pas ce que je fais. Aucun de mes amis ne sait. Il n'y a pas beaucoup de possibilités pour gagner de l'argent dans cette ville. Ce que je fais m'aide vraiment, et je le fais de mon plein gré. » L'Unicef estime que 11 000 à 15 000 filles de 14 à 19 ans sont concernées, des mineures particulièrement vulnérables à un autre fléau : le sida, en pleine expansion dans le pays. Dans la région de Mykolaïv, le taux de mortalité à cause du sida est l'un des plus élevés du pays parmi les 15-24 ans.

Pauvreté et tourisme sexuel : en Moldavie aussi, de plus en plus, les filles de 13 à 15 ans sont victimes de trafic sexuel, s'inquiète le département d'État américain en 2016. Les touristes sexuels d'enfants, notamment de l'Union européenne, d'Australie, d'Israël, des États-Unis et de Thaïlande, soumettent les enfants moldaves à une exploitation sexuelle à des fins commerciales dans des bordels, des saunas et des salons de massage. La région séparatiste de Transnistrie reste une source de revenus pour les victimes à la fois de sexe et de traite. La complicité officielle dans le trafic est un problème important du pays.

Dans ces conditions de grande vulnérabilité poussant les mineures partout à la prostitution, y compris dans les pays les plus riches (voir les chapitres « France », p. 185, et « États-Unis », p. 203), les associations locales, nationales, les ONG, sont essentielles, avec des adultes capables de les accompagner sans juger, les soutenir, les conseiller, les soigner, les entendre. À Mykolaïv par exemple, l'ONG ukrainienne Unitus a mis en place des bus équipés de matériel médical où les adolescentes prostituées ont accès aux tests de dépistage et à l'assistance sociale et psychologique. « C'est important d'avoir quelqu'un à qui je peux demander de l'aide, dit Natalyia, à qui je peux parler, demander conseil dans certaines situations et, très important, d'avoir régulièrement un bilan de santé et de parler à un psychologue. »

Thao est une jeune Vietnamienne de 16 ans. Un jour, un jeune homme qu'elle connaît depuis des années lui propose une virée vers les villages voisins. Thao saute à l'arrière de sa moto et pense qu'elle sera à la maison pour le dîner.

En fait, son « ami » a des liens avec des trafiquants et, au lieu de l'emmener faire du shopping, la vend sans qu'elle puisse rien faire à un gang qui emmène des filles vietnamiennes en Chine pour les vendre de nouveau. Les mois suivants furent terrifiants. Thao a été traitée brutalement, battue, violée plus de fois qu'elle ne s'en souvient. Mais elle n'a jamais perdu espoir. À la première occasion, elle a volé un téléphone portable et appelé sa famille à l'aide. L'ONG vietnamienne Blue Dragon a réussi à la localiser et l'équipe de secours l'a aidée à s'échapper. Elle vit maintenant dans un foyer. Elle voulait rentrer chez elle mais trouve la stigmatisation dans sa communauté trop grande. Pour poursuivre ses études, elle a dû quitter sa ville natale et étudie maintenant sous la protection de Blue Dragon où elle reçoit des conseils psychologiques et un soutien continu. Elle a toujours ses rêves et se prépare pour l'université.

IV

Le meurtre dit « de l'honneur »

À Nalgonda, près d'Hyderabad, en Inde, Radhika, 13 ans, a été vue plusieurs fois parlant à un garçon à la sortie de l'école. Elle a eu beau expliquer qu'il s'agissait d'une simple discussion entre camarades, son père a fini par lui fracasser la tête contre le mur en l'accusant de faire honte à sa famille, avant de l'étrangler et de brûler son corps après que la mère avait versé de l'essence dessus. Dans un premier temps, il a prétendu que Radhika s'était suicidée[1].

Aqsa Parvez avait 11 ans lorsque sa famille a émigré du Pakistan au Canada. Connue pour être amicale, attentionnée, elle voulait s'habiller selon son choix, écouter de la musique, trouver un travail à temps partiel et être comme les autres filles, mais sa famille souhaitait qu'elle s'habille modestement et porte le hijab, ce qui la restreignait dans certaines de ses activités. À 16 ans, elle a confié à son école craindre « que son père ne veuille la tuer… ». L'école l'a placée quelques jours dans un foyer ; après son retour, sa famille lui a permis de porter ses vêtements, mais les conflits ont empiré et elle a demandé à vivre chez une amie. Alors qu'elle attendait le bus avec elle, son frère de 26 ans lui a proposé de la ramener à la maison pour récupérer quelques vêtements. Une demi-heure plus tard, son père a appelé la police disant qu'il avait « tué sa fille ». Le procès a montré que son frère l'avait étranglée. « Ma communauté m'aurait accusé de n'avoir pas été en mesure de contrôler ma fille. C'est insultant », a expliqué le père[2].

Dans les deux cas, un banal désir de fille ; parler à un camarade après l'école, aller tête nue comme les autres. Face à lui, déclenchée par lui, une rage paternelle, familiale, disproportionnée et la mise à mort.

Passé la litanie des mauvaises pratiques, en effet, reste l'ultime atteinte, le meurtre. Non plus celui des bébés qu'on ne veut pas voir vivantes mais des grandes ; le principe reste le même. Les filles ne sont parfois qu'une monnaie qu'on échange pour acheter des chèvres, un terrain, payer une dette, asseoir ou maintenir la réputation d'une famille. Si elles-mêmes ne sont rien, si seule compte leur valeur d'échange, c'est en vertu de ce principe qu'elles sont tuées pour de froides raisons de dépréciation. Rien de passionnel, mais l'inverse presque. Une fille, c'est-à-dire un sexe devant rester vierge jusqu'au contrat et un outil procréateur dans une négociation entre deux familles, est tuée parce qu'elle rapportera moins si elle perd de sa valeur, si elle fait perdre de sa valeur à sa famille d'origine. Parce qu'elle est sortie un tant soit peu de sa fonction de monnaie, qu'elle a cru un instant à sa vertu d'être humain, imaginé suivre un de ses désirs personnels, s'est mis en tête de suivre son propre mouvement.

Tuer la fille parce que quelqu'un dans le village a cru la voir parler avec un homme marié de trop près et l'a rapporté à son père ou à son frère est rappeler on ne peut plus clairement ce sur quoi se fondent toutes ces violences. Une fille est un élément patrimonial, pas vraiment un être humain. Il est exigé d'elle de garder sa valeur patrimoniale, maintenir celle de la famille. On peut être amené en cas contraire à se débarrasser d'elle.

Des milliers de meurtres de ce type sont commis chaque année, ajoutant aux statistiques des fémicides. Leur nombre, comme pour toutes les autres violences, est mal connu, très largement sous-estimé. Affaires jamais élucidées, faux suicides, meurtres maquillés en accidents, la justice des pays concernés est très rarement mise à contribution. Comme dans le cas du filiacide infantile, celui des grandes est considéré comme privé, appartenant à l'espace privé, dépendant de lui et de ses règles. Comme dans le cas de l'inceste, et le geste s'en rapproche par certains côtés, la violence étant exercée par le cercle familial, où la fille ira-t-elle demander secours ? Sa société d'appartenance fonctionne sur ces règles. L'espace intime gère seul les questions de vie et de mort. La fille n'est pas considérée comme membre de droit légitime de l'espace public, sinon ses règles agiraient, la protégeraient.

En 1750 avant Jésus-Christ, comme le rappelle la fondation Surgir[3], le Code babylonien d'Hammourabi, dans l'actuel Irak, fait de la virginité d'une fille la propriété de sa famille entière. En 2019, la situation dans beaucoup de communautés reste inchangée. La fille n'est qu'un objet d'échange, sa virginité, l'écart dans lequel elle se tient vis-à-vis du rapport amoureux, ce qu'on appelle son comportement moral, sont les critères de calcul de sa valeur. Elle-même n'a aucun droit sur ses désirs éventuels. Son père, ses frères et souvent les femmes plus âgées de la famille en sont en quelque sorte copropriétaires.

« Dans ces sociétés traditionnelles, les femmes sont censées incarner l'honneur des hommes auxquels elles "appartiennent". À ce titre, il leur incombe de préserver leur virginité et leur chasteté. Les crimes d'honneur trouvent leur origine dans un dicton arabe crûment formulé : "L'honneur de l'homme repose entre les jambes de la femme." Par le contrôle qu'ils exercent sur la sexualité et la reproduction féminines, les hommes deviennent les garants de la pureté culturelle et ethnique. Ce contrôle, au demeurant, […] s'étend à l'ensemble de leur comportement, y compris leurs gestes et leur langage. Un quelconque défi à l'autorité masculine sera aussitôt perçu comme une atteinte à l'honneur de l'homme. Le corps de la femme est considéré comme "dépositaire de l'honneur familial". On constate avec une vive inquiétude que le nombre de crimes d'honneur s'accroît à mesure que s'élargit la notion de ce qui constitue l'honneur et de ce qui est censé lui porter atteinte[4]. »

De fait, le constat est inquiétant. Tous les experts le font. « Les crimes d'honneur sont en augmentation dans le monde entier », estime en 2010 Asma Jahangir, première rapporteuse spéciale des Nations unies.

Une des raisons en est la tentative d'émergence ou d'émancipation d'une génération de jeunes filles dans leur pays d'origine ou celui de leur immigration, dans la droite ligne des « Printemps arabes » ou de tous les mouvements d'émancipation populaires des années 2010, dans la lignée des luttes contre les mutilations sexuelles et les mariages d'enfants ; une génération d'avant-garde, amorçant une autre place et que le vieil ordre préfère parfois mettre à mort plutôt que de voir ses très vieux privilèges s'atténuer. La lutte ne peut que se durcir, c'est une certitude. Nos pays doivent donc se rendre à l'évidence de la nécessité de protéger davantage ces jeunes filles. Redire l'importance de créer a minima des refuges partout où nécessaire.

La Jordanie, connue pour être un des États luttant contre ces crimes, en a ouvert un à Amman, accueillant femmes et filles menacées de mort dans leur entourage et qui étaient jusque-là incarcérées pour assurer leur protection ! « Pour les femmes menacées, la fuite n'est pas une solution envisageable en raison de leur dépendance financière et émotionnelle à l'égard de la famille.

Par ailleurs, la vie des femmes étant souvent limitée à l'espace domestique, le fait de mener une existence autonome sans la protection d'un homme est impensable dans la société (patriarcale) jordanienne[5]. » Elles allaient donc jusque-là en prison.

Le danger que font planer ces mises à mort, en tout cas, est en quelque sorte l'insécurité ultime ; être sous la menace d'un meurtre décidé dans sa propre famille pour un geste, une attitude, un mouvement, un désir qualifiés d'inopportuns. Les filles grandissant dans ces familles le savent. Les récits le leur rappellent, les mises en garde.

De nombreux pays sont encore touchés : Afghanistan, Albanie, Arabie saoudite, Bahreïn, Bangladesh, Bosnie-Herzégovine, Cambodge, Égypte, Émirats arabes unis, Géorgie, Inde, Indonésie, Irak, Iran, Israël, Jordanie, Liban, Maroc, Népal, Nigeria, Oman, Ouzbékistan, Palestine, Qatar, Somalie, Soudan, Syrie, Turquie, Yémen.

Décapitation, éventration, gorge tranchée, brûlure à l'acide, lapidation, étouffement avec tortures, immolation par le feu, coups de hache, plus de la moitié des crimes répertoriés font état de pratiques particulièrement violentes. C'est que ce qui est touché par l'expression d'un désir, ou ce qu'on croit être l'expression d'un désir autonome de la fille, fait voler en éclats un système d'une telle rigidité que seule la mort en quelque sorte pourrait le réparer. Mais tuer la fille n'est que la tentative impossible de faire disparaître l'écart un instant représenté par son geste ou ce qu'on a cru être son geste. Faire disparaître le fait qu'elle se serait tenue à distance un instant de ce qu'on attendait d'elle, de ce à quoi on a toujours pensé qu'elle obéirait. Cette infime discordance n'est pas supportable. Le système ne tient que parce que personne ne le conteste. La fille parlant à un camarade de classe est battue à mort. Comment cela est-il possible, sinon parce que tout le système supposé des valeurs n'est qu'une fiction, un *fake*. Ce mot, « honneur », dont l'usage devrait être interdit dans ce cas. Ce retournement du sens.

Pas question de ranger ces meurtres sous la bannière des crimes passionnels. Des critères spécifiques, explique la fondation Surgir, permettent d'identifier le crime (dit) d'honneur :

– Le crime est planifié ;

– Il est utilisé comme menace afin de contrôler les femmes ;

– La planification et l'exécution du crime impliquent plusieurs membres de la famille et peuvent inclure la mère, les sœurs, les frères, les cousins, les oncles, les grands-pères ;

– La famille élargie fait pression sur la famille directe ;

– La communauté est complice. Elle dénonce les comportements déclarés répréhensibles et aide parfois la famille à retrouver la femme en cas de fuite ;

– Le mobile du crime est que la femme a déshonoré la famille ;

– La famille et la communauté valorisent le crime d'honneur. Les auteurs du crime ne sont pas des criminels mais des héros aux yeux de leurs proches ;

– Le(s) meurtrier(s) ne montre(nt) que rarement du remords. Il(s) se considère(nt) davantage comme victime(s) du comportement de leur victime.

Avant d'en arriver là, comme l'explique le Réseau contre les violences basées sur l'honneur[6], si une fille tombe enceinte avant le mariage, une autre violence s'exerce : la faire avorter qu'elle le veuille ou non et faire recoudre son hymen afin qu'elle apparaisse vierge. Le consentement à ces actes est évidemment acquis sous la contrainte.

L'autre stratégie, d'une rare perversité, consiste à la conduire à se « suicider ». Qui pourra dire ensuite dans quelles conditions ? si c'est à cause de la contrainte qu'on lui imposait ? si c'est pour épargner à son frère la peine de prison qu'il aurait pu encourir en la tuant ? si un meurtre a été déguisé en meurtre contre soi ? ou si elle s'est suicidée à cause des pressions insupportables, des restrictions imposées à sa vie et des mauvais traitements de sa famille ?

Les lois interdisent évidemment ces crimes, mais, comme dans le cas de toutes les autres violences faites aux filles, l'autre loi l'emporte sur cette interdiction, celle des familles, des pères et des frères, des conformismes, du mépris des filles, du féminin. Et, comme dans le cas d'autres violences comme le mariage d'enfants, des dispositions de la jurisprudence islamique permettent de contourner l'interdit. Peu de cas sont ainsi portés en justice. Rares sont les personnes disposées à témoigner dans de telles affaires. « Les gens ont peur de parler car ils craignent d'être accusés de blasphème ou de propos contraires à l'islam », explique la militante pakistanaise Samina Rehman.

Les victimes, qui peuvent être parfois impubères, sont généralement tuées sur la base d'une simple allégation de relations sexuelles « illicites ». Elles n'ont jamais la possibilité de faire entendre leur propre version des faits car cela ne sert à rien ; l'allégation suffit à salir l'honneur d'un homme et justifie donc leur meurtre. Leur récit cette fois encore n'est rien. Juste ça. Rien. Seul celui des hommes existe. Or ces hommes, dans bien des cas, affabulent…

Un institut de médecine légale, celui de Jordanie, a eu l'idée géniale de travailler sur les cas de ces jeunes filles tuées parce qu'elles auraient « souillé » « l'honneur » de leur famille. Le résultat est sans appel. 80 % des jeunes filles tuées ont été trouvées vierges au cours des autopsies. Tout ça n'était que fantasme, mensonge, accusation d'innocentes, affabulation.

Qu'on cesse de retourner contre les filles la violence de ces récits accusateurs et fallacieux. Ces récits des « fautes commises par les filles contre leurs familles honorables » n'ont d'autre but que de masquer les penchants criminels de patriarcats arc-boutés sur leurs rigidités.

Avoir le courage de rendre la honte à celui qui doit l'éprouver est essentiel.

V

Déplacées, violées, oubliées : la double peine des filles dans les crises

« J'ai vu des horreurs. Des cumuls de violences insensés. Des jeunes filles déplacées, réfugiées, infibulées, violées avec sauvagerie, le sexe systématiquement brutalisé, enceintes, sans soins, sans écoute, sans soutien. Est-ce qu'on se rend bien compte de ce qui se passe pour les filles dans les crises majeures. De ce qu'elles traversent. Des conditions dans lesquelles on les oblige à vivre. Du prix insensé qu'elles paient. »

Il a beau soigner partout où c'est nécessaire le sexe brutalisé des filles depuis des décennies, il n'en revient toujours pas. Sa colère est sans fin. Nous ne donnerons pas son nom pour qu'il continue à se déplacer librement. Quand les filles sont prises dans des crises politiques majeures, militaires, religieuses, elles en deviennent aussitôt systématiquement les premières victimes. Aucune exception à ça.

Chassées de leur pays par l'armée birmane fin 2017, « les filles rohingyas ont été victimes d'épouvantables abus. Les soldats se contentaient de les prendre quand ils voulaient. Elles ont été soumises à des mariages forcés. Séparées de leurs parents pendant leur fuite, abusées par des hommes les enfermant dans des lieux de passe, les réduisant à l'esclavage sexuel et à la prostitution. Une jeune fille de 15 ans victime d'un viol collectif raconte que, lorsque ses voisins du camp de réfugiés l'ont appris, ils ont tellement raillé sa famille que son propre frère lui a dit de se tuer. Une autre de 16 ans écoute sa mère raconter à voix basse comment elles et leurs voisins ont été entassés dans une pièce par des soldats qui avaient ensuite emmené sa fille et l'avaient violée jusqu'à ce qu'elle perde connaissance[1] ».

Au Kurdistan irakien, des filles appartenant à la minorité yézidie ont été enlevées par Daech puis utilisées comme esclaves sexuelles ou domestiques.

Au Soudan du Sud, 2 filles sur 3 ont été victimes de violences physiques ou sexuelles. Les enquêteurs de l'ONU sur place ont accusé le gouvernement d'être incapable de s'opposer à cette épidémie.

En République centrafricaine, des filles en sont amenées à se prostituer pour se nourrir ; certaines à 13 ans monnaient des relations sexuelles pour 50 centimes.

Boko Haram au Nigeria cible des filles qui sont violées, forcées à épouser des combattants ou utilisées pour commettre des attentats suicides.

« Quelle est l'une des choses les plus dangereuses au monde ? demande l'ONG Care International en 2018. Être une fille. Qu'est-ce qui est encore pire ? Être une fille lors d'une crise humanitaire, lorsqu'elles sont obligées de fuir leur maison.

« Au Nigeria, des filles sont transformées en bombes humaines ; au Yémen, elles sont contraintes de se marier ; du Soudan du Sud à la Birmanie, elles sont soumises à des violences sexuelles. Dans toutes les zones de conflit, elles sont privées d'éducation. Les premières à perdre leur enfance. En revanche, elles sont les dernières à être nourries, à pouvoir s'inscrire à l'école. »

Longtemps considérées comme une sorte d'impondérable des conflits – ces fameux « butins » accompagnant des fantasmes de viol nourris par des siècles de récits –, les violences faites aux filles sont enfin reconnues pour ce qu'elles sont, à savoir un crime. En 2009, l'ONU crée le poste de représentant spécial du secrétaire général sur la violence sexuelle dans les conflits. « Le viol et la violence sexuelle dans les conflits sont des tactiques de terrorisme et de guerre, utilisées stratégiquement pour humilier, dégrader et détruire. Ils ne devraient jamais être minimisés en tant que sous-produit inévitable de la guerre », y note en introduction son rapport de 2018, s'inquiétant particulièrement de la situation en République centrafricaine, République démocratique du Congo (voir p. 122), Colombie (les filles de 12 à 16 ans représentent 73 % des victimes de viol des Farc et des groupes d'autodéfense), en Irak, Mali, Birmanie, Somalie, Syrie, Yémen, Nigeria, au Soudan du Sud.

Les filles y sont soumises à toutes les violences sexuelles, viol, mariage forcé, esclavage sexuel, le plus souvent dans des conditions encore plus brutales, où plus aucune loi ne s'applique, juste une exacerbation de la loi du plus fort, de la domination, de la prise de possession.

> Violée à 14 ans, Pema, de la République démocratique du Congo, est tombée enceinte et a été forcée d'épouser son violeur. Elle a eu dix autres enfants avant que les médecins ne convainquent son mari de lui permettre d'être stérilisée. En 2018, son village a été attaqué par des milices qui l'ont violée et ont enlevé son mari et son fils aîné. Elle a réussi à s'échapper en Ouganda, où elle vit maintenant avec ses enfants dans le camp de réfugiés de Kyangwali. Là, elle travaille à éduquer les femmes et les filles sur les violences sexuelles et le mariage des enfants. « Je peux les aider parce que je l'ai vécu moi-même, explique-t-elle à Care International. Je ne veux pas que ça arrive aux autres. »

Autre danger majeur pour les filles, le lien direct entre la guerre et la traite. Les mineures réfugiées, déplacées, en transit, tentant seules de rejoindre d'autres pays, risquent plus que toute autre de se retrouver aux prises avec des trafiquants profitant de leur situation, leur promettant protection et avenir, les enfermant en fait dans les pièges de la traite : prostitution ou travail forcés, mariages arrangés ou adoptions irrégulières, trafic d'organes ou esclavage domestique.

Le 9 avril 2019, l'ONG Plan International, qui intervient notamment en République centrafricaine, au Soudan du Sud et au Nigeria, lance l'information[2] : « Les filles constituent environ 40 % des enfants enrôlés dans les milices armées. Si certaines s'engagent volontairement, la plupart sont recrutées de force et asservies par les chefs de guerre. Elles subissent viols et violences dès leur plus jeune âge (7 ans pour certaines). Le viol est très pratiqué : certains combattants le voient comme une compensation à leur faible salaire, d'autres comme la certitude – pourtant superstitieuse – que cela leur octroiera la force physique et psychique nécessaire pour gagner les prochains assauts. Une survivante de Boko Haram au Nigeria, qui s'est échappée en simulant un handicap, témoigne : "J'étais prête à jouer n'importe quel rôle pour éviter d'être touchée par ces hommes, car je connaissais le sort des autres filles capturées par le groupe armé. Elles sont contraintes à se marier et sont forcées de répondre à tous les besoins des chefs de guerre." »

L'ONG Plan International organise des groupes de travail, pour renforcer les capacités émotionnelles et sociales des garçons et des filles (9-12 ans) et des adolescent·e·s (13-18 ans) affecté·e·s par les conflits : un groupe pour apprendre à contrôler ses émotions et ses relations avec les adultes, avec la paix et avec le conflit, un autre autour de la santé sexuelle et reproductive et un autre encore autour de la reconstruction d'un futur positif.

Rosalie, 16 ans, témoigne : « C'est grâce à l'aide d'une femme qui a négocié avec les groupes armés ma libération que j'ai pu m'en sortir. J'avais entendu parler d'une ONG en République centrafricaine qui aidait les enfants soldats. Plan International s'est bien occupé de moi et ça a été un vrai soulagement de pouvoir partager mon expérience et ma colère sans être jugée. Je me sens beaucoup mieux à présent. J'ai suivi une formation de couture et je travaille maintenant dans un magasin comme assistante du tailleur. »

Dans ces situations de grande menace, également, les mariages d'enfants connaissent une véritable recrudescence. Au Yémen par exemple, où, après le retentissant divorce de la très jeune Nojoud Ali, la loi allait interdire ces unions, la guerre a totalement anéanti ces progrès, les mariages d'enfants reprennent de plus belle. Parfois les filles sont obligées par des groupes armés, comme au Nigeria, d'épouser des combattants. Parfois ce sont leurs parents qui optent pour cette « solution ». Dans le cadre de migrations par exemple, de l'obligation de fuir son pays, il peut s'agir d'un pis-aller pour obtenir plus facilement des papiers, une autorisation de résidence. Parfois aussi les parents estiment que le mari pourrait offrir une protection supplémentaire. De plus en plus de jeunes

Syriennes par exemple sont mariées désormais à 12, 13 ans au Liban, façon de les « mettre à l'abri » entre les mains d'un seul homme, afin de limiter le risque d'être exposées au viol. Et les hommes, bien sûr, savent profiter de l'aubaine.

« C'est absurde et ça me met très en colère, m'explique Souad H.[3], responsable en Égypte d'une grande ONG. Je travaille sur le terrain depuis des années ; au Yémen, au Soudan, les mariages d'enfants dans certaines régions ont recommencé à augmenter de 30 % ! Les parents me disent : C'est parce que je veux qu'elle reste en vie, mais c'est absurde, vous l'envoyez chez un homme qui va la violer toutes les nuits, vous appelez ça une vie ? »

Une fois encore, surtout, les filles n'ont aucun accès à ces décisions.

Autre motif d'inquiétude, enfin, une conséquence tout à fait inattendue du réchauffement climatique, mais elle est réelle et fait craindre des menaces grandissantes sur les filles pauvres de toutes les régions concernées par ces phénomènes ; la désertification, le manque d'eau engendrent des revenus en baisse, de plus en plus irréguliers pour les populations rurales, agricoles, et poussent un nombre croissant de parents à marier précocement leur fille. Bouche en moins à nourrir. Enfant retirée de l'école.

L'Unicef estime que le nombre de mariages forcés pourrait passer de 125 millions à 310 millions en Afrique d'ici à 2050 si aucune mesure n'était prise. La

Mauritanie, le Niger, le Tchad et la Centrafrique sont les pays africains où le taux de mariages forcés est le plus élevé, tandis que le Nigeria, avec 23 millions d'enfants mariées, est le pays où elles sont les plus nombreuses. D'après le démographe américain Roger-Mark De Souza, les filles seront les premières impactées par ces crises climatiques, comme le révèle l'enquête de Gethin Chamberlain pour l'hebdomadaire britannique *The Observer*[4]. La fourchette d'âge des adolescentes menacées selon les projections de cette étude va de 15 à 19 ans. Les jeunes filles de cet âge constituent environ 10 % de la population mondiale. Le calcul statistique indique donc qu'en 2050, où nous serons 10 milliards d'êtres humains, 20 % des filles de 15 à 19 ans pourraient être mariées à l'aube de leur vie d'adulte, soit 200 millions !

L'autre solution, comme le prouvent si bien les avancées sur le terrain dès que des ONG accompagnent les filles, les soutiennent, les entendent, les aident, l'autre solution consiste à leur donner les moyens de développer leurs propres outils de survie, de résistance aux menaces pesant sur elles et d'élaboration de leurs stratégies d'avenir.

Une fille après tout est dotée exactement des mêmes capacités cognitives, combatives, d'adaptation, de résilience, qu'un garçon. Si on ne la viole pas, ne la mutile pas, ne la marie pas, ne la prostitue pas, ne l'esclavagise pas, elle maniera elle aussi le cahier et la truelle dans son propre intérêt et celui de sa communauté, elle sera capable de prendre des décisions pour elle-même, de se former également, de se tromper, de recommencer, de trouver et proposer des solutions pour les autres et pour elle-même. Elle sait ce qu'est une fille. Elle sait ce qui la menace. Elle est la première à pouvoir proposer les refuges adéquats, les solutions, les soutiens, les bonnes pratiques.

DEUXIÈME PARTIE

Une géographie des violences

Attaquer les filles est un invariant des communautés humaines. Certaines font en sorte que ça ne se sache pas ou le moins possible ; quelques autres le constatent, s'attaquent même au problème courageusement. Ces violences sont comme un baromètre des sociétés, une fenêtre singulière par où observer comment elles s'organisent, qui elles protègent ou non, mettent en danger, comment elles sont prêtes ou non à considérer le problème.

Si l'inceste et le viol des mineures sont les constantes de tous les pays sans exception à des degrés divers, certaines atteintes sont plus spécifiques à des sociétés, leur façon de s'organiser autour du féminin et du masculin, de la question du pouvoir et de la liberté individuelle, de l'importance plus ou moins écrasante de normes sociales et religieuses, de la pauvreté également.

À travers quatre pays, la France, les États-Unis, l'Inde et l'Égypte, j'ai voulu tenter de dresser non pas quatre portraits complets mais quatre instantanés des façons dont ces violences traversent des sociétés bien différentes mais aux prises avec le problème.

La France s'arrange pour ne pas savoir. Les États-Unis font partie des nations les plus violentes. L'Inde impose toutes les mauvaises pratiques. L'Égypte est à l'origine des mutilations sexuelles, les perpétue et se trouve confrontée aux abus des États voisins du Golfe.

Chacune est un éclairage particulier, une façon de situer la question sur la carte du monde. Je ne prétends pas établir la réalité globale des violences qui s'y exercent mais, davantage, laisser voir des spécificités nationales et bien sûr, en creux, leurs constantes.

I

France

En France, 40 % des viols et tentatives de viols déclarés concerneraient des filles de moins *de 15 ans. En France il y aurait chaque année plus de 165 000 viols et tentatives de viol sur mineur.e.s, soit 400 par jour ! Plus que sur majeur.e.s. En fait, on ne sait pas.*

La France est, après les États-Unis et avec le Royaume-Uni, selon le dernier classement de l'Unicef sur « les violences sexuelles subies avant 15 ans[1] », le pays occidental le plus touché par les violences sexuelles sur mineures. La France et non pas l'Italie ou la Grèce. Mais le pays des grands idéaux, trop idéal peut-être, n'a pas encore établi, sur les questions de l'inceste, des viols, de la prostitution et des mutilations, les outils qui permettraient de connaître avec précision ces réalités, d'établir des statistiques, et de là de former les réponses publiques et politiques adaptées.

Pour la première fois, fin 2020, l'État a envisagé la création d'une commission d'enquête dédiée aux violences sexuelles sur mineur.e.s. Mais quelques semaines plus tard à peine, sa présidente s'est vue contrainte à démissionner. La fille d'un ancien ministre français, Camille Kouchner, a en effet fait paraître en janvier 2021 un livre accusant son beau-père, un politologue réputé, d'avoir incesté son frère jumeau pendant quelques années[2]. On a appris peu à peu que beaucoup de personnalités proches de la famille étaient au courant, parmi lesquelles peut-être la présidente de la commission, elle-même ancienne ministre, et qu'aucune n'est intervenue. Le livre a fait beaucoup de bruit et enfin les médias se sont saisis de la question de l'inceste. Un hashtag #MeTooInceste a vu des milliers de témoignages émerger. Le président de la République a alors pris la parole : « Vous ne serez plus jamais seules », a-t-il dit à l'intention des victimes. Déclaration louable. Simple déclaration d'intention, ont dit certains, tant que ne sont pas mises en place des mesures très concrètes.

Seules de véritables politiques publiques de long terme peuvent en effet faire obstacle au fléau, une prévention systématique dès le plus jeune âge et la formation de tous les adultes amenés à travailler avec des enfants, ainsi qu'un énorme travail d'enquête pour enfin connaître les données réelles de ces violences et de leurs impacts[3].

Pour l'instant, en effet, travailler la question revient à se heurter à un fatras de données disparates, insuffisantes. En novembre 2018, la Commission nationale consultative des droits de l'homme (CNCDH), organisme indépendant, avait fini par s'en inquiéter publiquement : « Lutte contre les violences sexuelles : une urgence sociale et de santé publique, un enjeu pour les droits fondamentaux » ; « Il est à noter que les différentes enquêtes sous-estiment le nombre total de viols par an [...]. La plupart des victimes de violences sexuelles déclarent ne pas avoir été protégées et ne pas non plus avoir bénéficié d'une prise en charge adaptée, malgré le devoir de l'État d'agir avec la diligence nécessaire. »

L'unique étude lancée nationalement date en effet de 2015. Elle intervient à la suite d'une préconisation insistante de l'Europe en 2011 (!)[4], et elle est incomplète. Cette enquête, *Violences et rapports de genre : contextes et conséquences des violences subies par les femmes et par les hommes* (Virage), établit pourtant que 40 % des viols et tentatives de viol subis par des femmes l'ont été avant leurs 15 ans et 16 % entre 15 et 18 ans. Pire encore, le taux de viols et tentatives de viol est de 27 % avant 10 ans et 23,3 % pour les autres agressions sexuelles. Malgré les chiffres, l'État ne commande aucune étude à la suite. Aucune recherche ultérieure sur les viols sur mineures. On doit se contenter, pour cerner la réalité, d'extrapoler les données existantes.

En 2016, par exemple, l'Observatoire national de la délinquance et des réponses pénales (ONDRP) estime que moins de 4 % des viols sur mineurs font l'objet de plaintes[5] ; 96 % n'en font pas l'objet. Or, en 2017, 8 788 plaintes ou signalements pour viols sur mineurs ont été enregistrés. S'ils représentent 4 % des faits, cela signifie qu'il en reste plus de 90 000 non enregistrés, soit environ 240 par jour ! Encore ne s'agit-il que des viols avérés. Si l'on rajoute les tentatives de viol, la statistique explose, atteint le sommet vertigineux de 300 à 400 par jour. Ce chiffre, pour spectaculaire qu'il soit, rejoint effectivement l'estimation faite par certaines associations.

Selon l'étude menée en 2015 par l'association Mémoire traumatique et victimologie avec l'appui de l'Unicef France, « si l'on croise les données de l'enquête CSF (Contexte de la sexualité en France[6]) avec celles de l'Observatoire national des violences faites aux femmes[7], on obtient les chiffres suivants : environ 123 756 filles de moins de 18 ans seraient victimes d'un viol ou d'une tentative de viol chaque année ». Soit 340 par jour. Ces chiffres coïncident à peu près aussi avec d'autres, repris dans le rapport sur le viol remis à l'Assemblée nationale en février 2018 : en 2016, les forces de l'ordre ont enregistré 19 700 plaintes de victimes mineures suite à des violences sexuelles, dont 7 050 pour viols (et 12 650 pour harcèlement et agressions sexuelles). Or moins de 10 % des faits font l'objet d'une plainte. Le chiffre noir, c'est-à-dire la part de faits criminels jamais passés au crible de la justice, est de 90 %, confirme le CNCDH. On retombe donc bien en effet sur un chiffre d'environ 120 000 viols et tentatives de viol sur victimes mineures chaque année, soit, si je calcule bien, 328 par jour. Pas de quoi lancer de vraies enquêtes en effet.

Malgré cela, le gouvernement continue à ne publier des chiffres que sur les viols après 18 ans[8] comme c'est le cas sur le site de la MIPROF[9]. C'est-à-dire qu'il laisse de côté 56 % des viols et tentatives de viol ! C'est-à-dire aussi qu'il laisse de côté les abus sexuels concernant les enfants. Sachant cela également, le rapport sur le viol de février 2018 à l'Assemblée nationale s'ouvre par ce constat : « En France, les chiffres officiels de 2017 font état de 93 000 femmes victimes de viol ou tentative de viol sur l'année. » Exit les filles mineures. Le texte se contente de noter, plus bas, « les viols commis sur les mineurs […] ne sont que très rarement pris en compte dans les enquêtes statistiques sur les violences sexuelles, […] sont donc un phénomène criminel, massif […] une réalité difficile à mesurer précisément, mais qui, compte tenu des différentes statistiques et expertises, semble massive […]. [Ils] doivent être mieux connus pour être mieux pris en compte […]. [Ces violences sont] peu dénoncées et la plupart du temps exclues du champ des enquêtes quantitatives et qualitatives »… Comment ne pas dire.

Ce que l'absence de statistiques rend plus grave encore, c'est que nombre de ces viols sont, de fait, de l'inceste. Si l'inceste et le viol sont, physiquement, les mêmes actes, ils n'ont pas tout à fait les mêmes conséquences ni les mêmes séquelles sur l'enfant[10]. Ils n'ont pas non plus tout à fait les mêmes conséquences au regard de la loi française, pour laquelle l'inceste constitue une circonstance aggravante : les peines sont plus lourdes et les délais de prescription plus longs. Mais l'État français, y compris lors de la dernière loi de 2018, a toujours refusé d'en faire une infraction à part, spécifique[11].

Article 222-31-1 du Code pénal : « Les viols et les agressions sexuelles sont qualifiés d'incestueux lorsqu'ils sont commis par : 1° Un ascendant ; 2° Un frère, une sœur, un oncle, une tante, un neveu ou une nièce ; 3° Le conjoint, le concubin d'une des personnes mentionnées aux 1° et 2° ou le partenaire lié par un pacte civil de solidarité avec l'une des personnes mentionnées aux mêmes 1° et 2°, s'il a sur la victime une autorité de droit ou de fait. »

À la différence d'autres législations européennes (Allemagne, Pays-Bas, Angleterre, Danemark, et Suisse) et contrairement aux préconisations européennes, l'inceste n'est pas réprimé en tant que tel. Irène Théry insiste à ce sujet : « Ce que nous combattons désormais sous le nom d'inceste, c'est moins l'interdit des places distinguant dans un système symbolique alliance et filiation [...] Toute l'attention est (donc) portée sur les *circonstances* de la relation sexuelle en cause : qui, quand, comment, de quelle manière, pourquoi [...]. Les juges sont tenus de rechercher au cas par cas, si le mineur victime a été forcé, confrontés à une difficulté majeure pour prouver l'état de contrainte ou la violence. Celle-ci est le plus souvent imperceptible, discrète, voire inaudible et la relation d'emprise empêche le plus souvent l'enfant de résister ou de s'opposer à son agresseur, quand bien même il serait en mesure de comprendre la portée des actes subis. Autrement dit, il n'y a pas l'interdit majeur disant qu'un père qui viole sa fille est un crime spécifique parce que les places ne peuvent être confondues, ne doivent pas être confondues. Il n'y a plus qu'un crime de viol comme les autres, l'inceste n'en est pas distingué[12]. »

Résultat de cette forme de cynisme, il n'y a pas d'étude nationale sur l'inceste… parce que la France refuse de le considérer comme une infraction spécifique. Comme nous l'explique un membre de la MIPROF[13], « l'inceste n'est pas une infraction, il ne peut donc pas être comptabilisé en tant que tel. Il n'y a pas d'enquête de police pour inceste. Seules les condamnations avec circonstances aggravantes pour viol par ascendant par exemple permettraient d'avoir des statistiques ».

Seulement voilà, la plupart des incestes ne passent jamais devant un tribunal. Enfants se taisant sur les faits, non entendus, pas crus. Auteurs des faits niant. Preuve trop difficile à apporter. Trop tard. Le documentaire *Inceste, que justice soit faite*[14] le montre admirablement… Alors, dit l'administration, il n'y a pas d'outils de mesure, pas d'indicateurs.

L'État a bien lancé en 2017-2019 un « plan interministériel de mobilisation et de lutte contre les violences faites aux enfants ». Mais s'il y mentionne l'inceste, il se contente, pour l'instant, de s'appuyer sur un rapport demandé au CNRS en 2017, lequel se contente de reprendre les chiffres de l'enquête Virage de 2015…

Les seuls éléments permettant de cerner la réalité sont une fois encore disparates. Selon les statistiques 2014 du SNATED[15], qui gère le numéro d'urgence 119, 75 % des appels liés à des violences sexuelles sur mineurs sont relatifs à des cas d'inceste. Dans le cas des viols, tentatives et agressions sexuelles faisant l'objet d'une plainte aux forces de l'ordre, 30 % environ sont commis dans le cercle familial. Selon le sondage AIVI[16]/Harris Interactive réalisé en 2015, 4 millions de personnes seraient concernées en France, soit 6 % de la population, 2 enfants par classe ! Pas de quoi lancer une enquête digne de ce nom, là non plus.

« Tous les milieux sont touchés. Il faut en finir avec la thèse misérabiliste selon laquelle les violences incestueuses seraient l'apanage des familles défavorisées, commente Sylvie Cromer, du CNRS. Ce stéréotype qui fait écran à l'appréhension de la réalité ordinaire de l'inceste reste extrêmement vivace[17]. »

Pourtant, les séquelles sur les enfants sont nombreuses, durables, et engendrent un vrai problème de santé publique persistant génération après génération. Selon le rapport du CNRS sur les violences sexuelles à caractère incestueux remis le 27 avril 2017 à Laurence Rossignol, alors ministre des Familles, de l'Enfance et des Droits des femmes, « les victimes d'agressions sexuelles intrafamiliales au cours de l'enfance ou de l'adolescence (ASIEA) présentent un risque majeur de développer un large éventail de problèmes de santé : des symptômes psychotiques, des troubles de l'humeur, troubles anxieux (phobies, attaques de panique, troubles obsessionnels-compulsifs et bien évidemment syndromes de stress post-traumatique), des troubles du comportement alimentaire, abus de substances psychoactives et troubles de la personnalité. Des perturbations habituelles de l'estime de soi associées à des idées suicidaires, des comportements autoagressifs (automutilation), des troubles de la sexualité et conduites à risque (rapports non protégés, multiples partenaires, entrée précoce dans la vie sexuelle et prostitution) ; problèmes interpersonnels (sentiments d'infériorité ou d'inconfort voire de mal-être, comportement agressif ou de soumission) ». En clair, l'inceste engendre des pathologies importantes, durables, coûteuses pour la société. Mesurer cette réalité permettrait de mettre en œuvre une politique de santé publique adaptée.

Dirigeant des dizaines d'ateliers d'écriture dans des classes, il m'est arrivé deux fois que des enfants, profitant de ma présence et du texte à écrire, fassent savoir qu'ils étaient confrontés à des situations d'inceste. Dans les deux cas, la réponse des responsables de l'établissement fut « il n'y aura plus d'ateliers dans mon école ».

Si inceste et viols sur mineures n'engendrent donc pas la constitution d'un savoir national, comment, dans ces conditions, se protéger des interprétations, voire des fantasmes ? Récemment, deux affaires de viols sur mineures de 11 ans, menacées d'être classées comme « atteinte sexuelle », ont jeté une lumière troublante sur cette question.

En 2009, une enfant de 11 ans avait suivi un homme dans un parc, sa famille l'a découvert en même temps que sa grossesse. L'homme avait toujours soutenu qu'elle était d'accord. En 2017, il avait été acquitté… En novembre 2018, il a finalement été condamné par la cour d'assises de Paris à sept ans de prison.

Au même moment, le parquet de Pontoise avait poursuivi pour atteinte sexuelle, et non pas viol, un homme de 28 ans ayant eu des rapports avec une fille de 11 ans au motif que cette dernière était consentante. Le tribunal s'est finalement déclaré incompétent et a demandé une nouvelle enquête.

Réaliser de vraies études, savoir au niveau national combien de filles sont violées, où, quand, de quel âge, dans quelles circonstances, attirées par quels hommes, de quel âge, avec quelles séquelles, quelles suites familiales, policières, juridiques, permettrait peut-être d'élaborer un savoir sur ces questions du consentement sexuel d'enfants et, au-delà, de travailler ces questions avec elles.

Culture du viol en France

Dans les années 2000, le magazine *20 ans* avait osé, dans un test, « Est-ce que tu plais aux garçons ? », insérer la question « as-tu déjà été victime de viol ou de tentative de viol ? » ! Elle rapportait 3 points. Je crois me souvenir qu'une association avait porté plainte contre la rédaction. Un magazine écrit par des femmes, pour des jeunes filles. J'ose à peine imaginer la conférence de rédaction au cours de laquelle la décision fut prise.

Un rapport au Sénat de 2018, « Protéger les mineurs victimes d'infractions sexuelles[18] », alerte sur un phénomène récent, le *live-streaming* d'agressions sexuelles, des viols commandités à distance. « Concrètement, des individus achètent sur Internet, depuis la France, des actes de viol d'enfants en bas âge qui vivent le plus souvent à l'étranger. Ils dictent certaines consignes. Les sommes d'argent, souvent dérisoires (moins de 50 euros), sont envoyées via des services de transfert d'argent. Le viol est alors filmé et visionné en direct via un service de communication en ligne, comme Skype. »

La prostitution des mineures en France subit à peu près le même sort que les violences sexuelles faites aux filles : pas d'étude nationale digne de ce nom, pas de chiffres fiables. L'association Agir contre la prostitution des enfants (ACPE) annonce, en 2016, 6 000 à 10 000 mineures concernées : « Selon les quelques rapports (officiels), cette prostitution reste un phénomène peu ou pas connu des pouvoirs publics, et par conséquent très largement minoré, voire ignoré. L'ensemble des observateurs notent un écart considérable entre les chiffres officiels (de la police) et les chiffres avancés par les organisations, qu'elles soient de terrain ou de plaidoyer. »

En 2011 déjà, selon une mission d'information sur la prostitution en France[19], l'association Hors la Rue estimait qu'il y aurait 4 000 à 8 000 mineurs livrés à une prostitution qui « de façon générale, serait en forte progression ». Différence abyssale avec les quelques cas que disent connaître les services officiels. En 2014, l'OCRTEH a repéré… 29 mineures. En 2015, le commissaire Vianney Dyèvre, de la brigade de protection des mineurs (BPM) de Paris, dit traiter entre 20 et 60 cas, jamais plus. « Nous ne sommes pas en Thaïlande », ajoute-t-il.

« Très peu d'études, aucune mesure concrète, pas de campagne de prévention… Des milliers de mineurs se prostituent, et on ne fait rien », s'inquiète en 2015 une pédopsychiatre spécialisée dans l'accueil de jeunes prostitués dans un cabinet du 16e arrondissement. Le magazine qui l'interroge en a rencontré certains. « En quatrième, dit Julie, 14 ans, habitant les beaux quartiers, j'ai pratiqué des actes sexuels avec un garçon de ma classe dans les toilettes du collège pour 15 euros[20]. Pour moi, ce n'était pas très grave, d'autres copines l'avaient déjà fait. Aujourd'hui, j'ai tellement honte… » C'est aussi le cas de Caroline, qui habite le 17e chic :

« L'année dernière, j'ai fait une fellation et pratiqué la sodomie avec deux garçons pour avoir un téléphone. J'avais 13 ans. » « La prostitution occasionnelle dans les toilettes des établissements est en hausse, s'alarme Armelle Le Bigot-Macaux, responsable à l'époque de l'ACPE, ainsi que les *lover boys*, ces garçons qui mettent leur copine "à la disposition" de leurs amis en échange de quelques euros ou d'objets comme des téléphones. Un vrai cas de proxénétisme qui ne revient jamais aux oreilles de la police. »

Un essor encore renforcé par le cyberproxénétisme, la création d'annonces de prostitution sur des sites internet et réseaux sociaux, utilisant de plus en plus les locations entre particuliers de certains sites internet comme Airbnb.

Des autorités judiciaires ont quand même fini par s'alarmer. En juin 2018, la procureure générale de la cour d'appel de Paris, Catherine Champrenault, alerte : « L'Office central pour la répression de la traite des êtres humains (OCRTEH) a noté de très fortes augmentations du "proxénétisme des cités", qui procède à la fois d'une avidité pour l'argent et d'une banalisation à l'extrême de l'acte sexuel exacerbée par l'explosion de la pornographie. L'activité, considérée comme lucrative et peu complexe, attire des jeunes qui entretiennent des situations d'ambiguïté amoureuse laissant aux jeunes filles l'illusion de croire qu'elles ne sont pas des prostituées et aux garçons qu'ils ne sont pas leurs proxénètes. Les cadences se font plus pressantes et l'entreprise, initialement consensuelle, se transforme en un rapport d'asservissement pervers. »

Une partie de cette prostitution, en France aussi, tombe sous le coup de la traite d'être humain. Pays de départements et territoires d'outre-mer, d'anciennes colonies et d'immigration, l'Hexagone n'en est pas exempt, loin de là. La prostitution forcée d'adolescentes nigérianes en France est une conséquence de la traite (p. 133). De même, le confiage d'enfants du Maghreb ou d'Afrique noire à des familles vivant sur le sol français peut conduire à des situations y appartenant (p. 140). Selon une enquête conjointe de la MIPROF et de l'ONDRP, les victimes de traite suivies par les associations en France en 2016 sont pour 74 % victimes d'exploitation sexuelle, 15 % d'exploitation par le travail, et originaires à 80 % de 5 pays : Nigeria, Roumanie, Maroc, Algérie et Bulgarie. 85 % sont des femmes et 13 % d'entre elles sont mineures ; parmi elles, 61 % sont concernées par l'exploitation sexuelle (45 %), la contrainte à commettre des délits (31 %), et la mendicité forcée (10 %).

Par son histoire, enfin, la France est aussi confrontée à la question des mutilations sexuelles. Le chiffre officiel de 53 000 femmes excisées sur le territoire semble bas puisque de nombreuses femmes maliennes, guinéennes, soudanaises, sénégalaises, égyptiennes, entre autres, y vivent. En mars 2018, la Maison des femmes de Seine-Saint-Denis a indiqué que 14 % des femmes qui accouchent en Seine Saint-Denis sont excisées. On sait que la situation n'est pas différente à Marseille ! On sait aussi que le gouvernement, malgré ses fortes déclarations (« Nous veillerons aussi pour les femmes françaises soumises à l'excision à traquer partout ceux pratiquent cette barbarie [et nous aurons] une attention toute particulière pour les femmes migrantes qui fuient leur pays car elles cherchent aussi à fuir l'excision pour elles-mêmes et leurs petites filles[21] »), n'a pas lancé d'enquête sur le sujet ! Il est pourtant loin d'être anodin. Non seulement les chiffres réels sont importants, mais surtout nombre de filles en courent le danger. Selon la Fédération GAMS[22], en 2017, 3 adolescentes sur 10 dont les parents sont issus de pays pratiquant l'excision sont menacées de mutilations et y sont encore soumises, parfois sans que leurs parents le sachent, au cours de « vacances » au pays ou de « week-end » à Londres.

Certaines découvrent qu'elles ont été excisées à l'occasion d'une visite chez un.e gynécologue. L'excision, faite quand elles étaient bébé, a été totalement oblitérée. C'est le cas de M., Sénégalaise, rencontrée à un groupe de parole organisé par Women Safe dans lequel Frédérique Martz accompagne « les femmes excisées, opérées et réparées » aux côtés du docteur Foldes qui, à l'hôpital de Saint-Germain-en-Laye, répare les femmes mutilées. M., 20 ans, en France depuis l'enfance, a été réparée il y a quinze jours à peine. Elle raconte le jour où une gynécologue française, quand elle avait 17 ans, lui a dit le plus banalement du monde « ah vous êtes excisée ». « Je ne savais pas, raconte M. On me l'avait fait quand j'étais toute petite et puis plus personne n'en a jamais parlé, alors comment l'aurais-je su ? La gynécologue ne m'a rien dit d'autre, ni ce que c'était, ni ce que ça faisait, ni si c'était normal ou pas. »

L'histoire de M. est malheureusement courante. Les professionnels de santé français ne sont absolument pas formés à la question, à ce que c'est, aux séquelles, à ce qu'il faut en dire ou pas, à la façon d'aborder la question, d'aider les filles à s'en saisir.

C'est pour elles très compliqué. « Se faire réparer, dit S., c'est parfois avoir le sentiment de trahir le pays d'où l'on vient, la culture, les anciens. En même temps, ne pas le faire, c'est accepter cette coupure, cette perte que nos copines françaises non mutilées n'ont pas. » La sexualité, bien sûr, est une des questions, se faire réparer, c'est aussi pour accéder à un plaisir plus entier ou simplement à du plaisir. Parfois ce sont des garçons qui en parlent, lors de premiers rapports amoureux, les incitent à consulter. Parfois ils ne s'en rendent pas compte… Parfois les filles ne savent pas si elles veulent être réparées. « Je ne sais pas comment je serai si je fais ça, dit F., Guinéenne, lors du groupe de parole, je ne me connais que coupée. »

Sur toutes ces violences faites aux filles sur le sol français, le plus souvent minorées, l'État français ne peut plus se contenter de positions déclaratives. Il sait fournir des chiffres sur la production du lait, le suicide des agriculteurs, la disparition des espèces de moineaux. Il a les outils pour ça, les compétences, les institutions. En ne les utilisant pas pour connaître les données réelles, il occupe vis-à-vis des filles la même place que ces adultes rivés à leur *on ne veut pas savoir*.

L'État n'est pas une personne. C'est une représentation. Une institution. Il a, en tant que tel, le devoir moral, politique, de mettre en œuvre les outils du savoir sans lesquels il n'est que fantasme, confusion. L'État a une obligation de protection des citoyens les plus vulnérables. En France, comme partout ailleurs dans le monde, les citoyens les plus vulnérables sont les filles. Elles sont incestées, violées, se prostituent, sont mutilées ou en danger de l'être.

Il est urgent que des formations adéquates soient délivrées aux professionnels de santé, infirmières, aides-soignantes et sages-femmes, étudiants en médecine, en gynécologie, en obstétrique. Qu'est-ce qu'un sexe de fille ? Comment sait-on qu'il est mutilé ? Qu'est-ce que l'inceste ? Quelle est sa prévalence réelle en France ? Quels en sont les signes ? Les séquelles ? Qu'est-ce qu'un viol sur une mineure ? Quelle est sa prévalence réelle en France ? Quels en sont les signes ? Les séquelles ? Qu'est-ce qu'une mutilation sexuelle ? Quelle est sa prévalence réelle en France ? Quels en sont les signes ? Les séquelles ?

Il est urgent, en d'autres termes, qu'un observatoire indépendant des violences faites aux filles soit mis en place en France, temporairement au moins, le temps que ces questions soient établies ainsi que les moyens et outils permettant d'y répondre. Que l'on écoute, pour en tirer des conséquences réelles et non pas déclaratives, des institutions comme le CNCDH sur « l'urgence sociale et de santé publique, l'enjeu pour les droits fondamentaux… la plupart des victimes déclarant ne pas avoir été protégées… malgré le devoir de l'État ».

En novembre 2019, à la suite de la publication de ce même livre en grand format aux éditions Albin Michel, j'ai été chargée par le maire de Nancy, Laurent Hénart, de créer un Observatoire pilote des violences faites aux filles, qui a évolué peu à peu en Observatoire des violences sexuelles sur mineur.e.s. La décision a été prise que tout enfant, quel que soit son âge, reçoive la visite d'adultes le prévenant du danger d'inceste et de viol sur mineur.e.s. Un travail préparatoire a été entamé avec les structures d'accueil de la petite enfance, les écoles, collèges et lycées. Des contacts ont été établis pour former au sujet tous les étudiants des filières concernées. Mais le maire suivant a mis fin à la mission. L'année de travail n'en a pas moins été très concluante sur la nécessité d'agir concrètement, sur le terrain, et l'excellent accueil fait à ces mesures dès lors qu'elles sont concertées, ouvertes, expliquées. À la volonté politique de faire le reste.

II

États-Unis

Aux États-Unis, 1 fille sur 3 ou 4 est agressée sexuellement avant 18 ans. 12 % des filles ont moins de 10 ans au moment de leur premier viol.

Si la violence des armes, les tueries, les meurtres sont une caractéristique connue des États-Unis, on sait moins combien la violence sexuelle y est importante. Seule nation occidentale à intégrer aux côtés de l'Inde ou de l'Afghanistan le top 10 des pays les plus dangereux pour les femmes et les filles du classement de la fondation Thomson Reuter[1] en 2018, elle est même à la troisième place dans ce domaine ! L'affaire Weinstein se sera contentée de rendre visible un problème ancien : la brutalité, notamment sexuelle et à l'encontre des filles, est une des données de base de la société américaine.

Fœticides et filiacides y sont certes présents ; le territoire est couvert de cliniques offrant pour 15 000 dollars les techniques les plus récentes de choix prénatal du sexe[2] et il est celui qui a le taux d'infanticides le plus élevé du monde occidental[3], 8 enfants sur 100 000, contre 2,9 par exemple au Canada[4], mais les filles dans les deux cas ne sont pas visées en tant que telles.

Il en va autrement des abus sexuels. On retrouve comme en France l'absence de données sur l'inceste, malgré des instruments de mesure publics et privés beaucoup plus développés. Faute de statistiques explicites, j'ai contacté en vain à ce sujet plusieurs organismes privés aux États-Unis, aucun ne m'a apporté de réponse, n'a même prononcé le mot. Il faut donc, comme ailleurs, tenter d'extrapoler à partir d'autres données, par exemple le fait que 1 fille sur 3 est agressée sexuellement durant l'enfance et que 34 % des personnes qui abusent d'un enfant sont de sa famille… Indice d'inceste.

« Chaque année, les abus sexuels commis sur des enfants touchent plus d'Américains que le cancer, le sida, la violence armée, les inégalités LGBT et la crise des prêts hypothécaires combinés – des sujets sur lesquels Obama s'est concentré, écrit la journaliste Mia Fontaine dans un des rares articles sur l'inceste (sous-entendu, Obama a abordé ces sujets, mais pas celui de l'inceste). Voici pourtant quelques statistiques qui devraient nous être familières, continue-t-elle, mais ne le sont pas, soit parce qu'elles sont trop ahurissantes pour pouvoir être absorbées facilement, soit parce qu'elles ne sont pas suffisamment publiées. Une fille sur 3 ou 4 est victime avant 18 ans d'agressions sexuelles, dont un nombre écrasant ont lieu dans la famille. Ces statistiques sont bien connues des professionnels du secteur, qui n'hésitent souvent pas à ajouter "et il s'agit d'un crime notoirement sous-déclaré" et lourd de conséquences : 95 % des prostituées adolescentes et au moins un tiers des détenues ont été abusées enfants[5]. » De même, 81 % des femmes abusées subissent des séquelles significatives à court ou à long terme telles que le trouble de stress post-traumatique (SSPT)[6] et ont à 36 % davantage besoin de soins. Mais seulement 12 % de ces abus sont signalés ; proportion similaire à celles de la France ou du Royaume-Uni.

Les statistiques générales sur les violences sexuelles sont pourtant sans appel : selon les CDC (Centers for Disease Control & Prevention, centres gouvernementaux de contrôle et de prévention des maladies), 1 fille sur 4 sera agressée sexuellement avant l'âge de 18 ans, 12,3 % des femmes avaient 10 ans ou moins au moment du premier viol, 30 % entre 11 et 17 ans. Il y a chaque année 48 225 victimes de viols et agressions sexuelles entre 12 et 17 ans. Le chiffre, énorme, rapporté à une population de 325 millions de personnes, reviendrait en France à 9 940 viols et agressions sexuelles avérés par an sur les seules 12-17 ans ! Enfin, les filles de 16 à 19 ans ont quatre fois plus de risques d'être victimes de viol et d'agressions sexuelles que le reste de la population. Comme en France, plus de la moitié (54 %) des viols de femmes ont lieu avant 18 ans, mais là aussi l'impunité est la règle ; selon RAINN (le Réseau national de viol, d'abus et d'inceste), première organisation du pays contre la violence sexuelle exploitant la ligne directe nationale contre les agressions, 97 % des violeurs ne passeront jamais une journée en prison.

Des chercheurs[7] ont calculé en 2015 le coût des abus sexuels liés aux soins de santé, pertes de productivité, coûts engendrés par la violence et la criminalité, coûts d'éducation spéciale et de décès par suicide, risque accru de développer de graves troubles mentaux, physiques et comportementaux ; maladies sexuellement transmissibles, toxicomanie et violence, voire criminalité. Ils ont estimé le poids économique total des abus sexuels sur enfants aux États-Unis à 9,3 milliards de dollars, et un coût à vie estimé à 282 734 dollars par victime féminine…

Mais si le viol est la violence première aux États-Unis comme ailleurs, ses conséquences, pour une fille, peuvent être tout aussi violentes. En avril 2017, pour la neuvième fois, l'État du Maryland a rejeté une loi mettant fin au droit parental des hommes sur l'enfant qu'ils ont engendré par viol ! Droit de visite, de garde ou adoption… pour les mères violées, rien ne pourra se décider sans leur accord. Chaque année, entre 17 000 et 32 000 bébés naissent d'un viol[8]. Pire encore, environ 200 000 mineures sont contraintes de se marier pour cacher des viols. La plupart des

États en effet autorisent le mariage à 14 ou même 12 ans. En 2014, 57 800 jeunes de 15 à 17 ans étaient mariés, selon le Pew Research Center. Car si l'âge légal pour le mariage est de 18 ans, tous les États acceptent de faire des exceptions, généralement avec le consentement des parents ou l'autorisation de la justice. Dans le Massachusetts et le New Hampshire, ces exceptions peuvent s'appliquer à partir de 12 ans. En Floride, un juge a la possibilité d'accorder une licence de mariage si la fille est enceinte, quel que soit son âge.

Selon Unchained At Last, qui lutte contre les mariages arrangés ou forcés, 27 États n'ont pas fixé l'âge minimum légal pour le mariage. Résultat : entre 2000 et 2015, au moins 180 489 mineures ont été mariées aux États-Unis. Certaines avaient à peine 12 ans (!) en Alaska, Louisiane et Caroline du Sud, 13 ans en Alabama, Floride, dans le Kentucky, l'Idaho, le Mississippi, le Missouri, le New Hampshire, le New Jersey, le Nouveau Mexique, le Tennessee et l'État de Washington.

Une étude publiée en 2011 a révélé que le taux de mariages d'enfants chez les femmes aux États-Unis était de 8,9 %, soit plus de 9,4 millions de mineures mariées de 16 ans ou moins[9], souvent de couleur ou indiennes, peu instruites, à faible revenu, vivant dans le Sud et les zones rurales des États-Unis, ce qui engendre pour elles un taux de troubles psychiatriques élevé et des effets négatifs sur la santé, l'éducation et une probabilité accrue de violences domestiques.

Les déclarations publiques de certains hommes politiques permettent de mieux comprendre le contexte. En 2012, Todd Akin, candidat républicain au Sénat dans le Missouri, avait assuré qu'en cas de « viol véritable », le corps fait barrière à la conception ! La même année dans l'Indiana, Richard Mourdock, proche du Tea Party, s'était dit opposé à l'avortement en cas de viol ou d'inceste : « Même si la vie provient de cette horrible situation, Dieu a voulu qu'il en soit ainsi. » Dans ces conditions, nombre de jeunes filles sont tenues par leur famille et parfois leur congrégation religieuse d'épouser leur violeur pour faire taire tout « déshonneur ». En 2017, un Américain a même obtenu la garde alternée de l'enfant né du viol commis en 2009 sur une jeune fille de 12 ans !

Un sexagénaire en plein Times Square, à Manhattan, avec à son bras sa femme en robe de mariée, pour une séance photo ; elle a 12 ans. La scène a choqué, c'était le but du youtubeur Coby Persin, spécialiste des caméras cachées, qui l'a tournée en février 2016. La vidéo a été visionnée des centaines de milliers de fois. Mal à l'aise, les passants regardent le couple, s'approchent, demandent l'âge de la mariée qui fait la moue. Certains menacent de porter plainte, et arrachent la fille des griffes de son vieil époux. Coby Persin est content : son expérience a fonctionné.

Première puissance mondiale, pays d'immigration, de grande mobilité interne, sociale, d'entrepreneurs, de petits boulots, les États-Unis sont évidemment aussi un axe majeur de traite des êtres humains. Comme le note la rapporteuse spéciale de l'ONU sur la traite après sa visite en décembre 2016 : « Les États-Unis font face à des défis en tant que pays de destination, de transit et source pour des hommes, femmes et enfants victimes de la traite, [...] travailleurs migrants et enfants migrants non accompagnés, jeunes fugueurs, Indiens d'Amérique et d'Alaska et personnes handicapées. À certains endroits, les femmes et filles afro-américaines sont touchées de manière disproportionnée. Des nationaux des États-Unis et des migrants, principalement d'Amérique centrale et d'Asie du Sud-Est, en sont victimes, particulièrement en provenance de Chine, Guatemala, Honduras, Mexique et Philippines. »

Sur les cas relevés en 2017, 65,8 % concernent des enfants. Et de fait, selon les données établies par l'Organisation internationale pour les migrations (OIM), qui cartographie et analyse les mouvements migratoires de la traite[10], les mineures de 9 à 17 ans représentent systématiquement 40 % de ses victimes vers et à l'intérieur des différents États. Elles sont par exemple 37 % des victimes de traite au Texas, dont 71 % pour exploitation sexuelle ; parmi elles 50 % d'États-Uniennes, 15 % de Mexicaines, 6 % de Honduriennes. En Californie ou dans l'État de New York, les chiffres sont similaires, mais le Honduras est remplacé par la Chine, et dans le Tennessee par Haïti.

De là, qu'ils y soient conduits par la traite ou d'autres réseaux, 325 000 enfants par an courent le risque de devenir victimes d'exploitation sexuelle à des fins commerciales. L'âge moyen auquel les filles deviennent victimes de prostitution est de 12 à 14 ans. Selon le Centre national pour les enfants disparus et exploités[11], au moins 100 000 mineurs, le plus souvent des filles, en sont chaque année victimes. « La police de Los Angeles recense de plus en plus de prostituées mineures avec les initiales de leurs proxénètes tatouées dans le cou, à l'entrejambe ou sur le visage ou un code-barres inscrit sur le bras. Cette marque permet aux souteneurs de savoir que la fille est la propriété d'un autre. » Les jeunes Afro-Américaines et Latinos sont surreprésentées dans ces affaires et, selon le FBI, 52 % de toutes les jeunes prostituées arrêtées sont des Afro-Américaines.

Il est très courant que les souteneurs possèdent une entreprise ou un magasin, en particulier des salons de manucure et de massage, ou une entreprise d'esclavage sexuel près de bases militaires américaines, des hôtels et motels, bordels commerciaux, zones résidentielles, ainsi que des services d'escorte ou de livraison.

Selon la dernière étude de Polaris, association américaine qui combat l'esclavage moderne, 96 % des victimes du trafic étaient des femmes et 63 % des mineures ! 72 % étaient latinos, la plupart du Mexique, du Brésil et d'Amérique centrale ; 62 % disent avoir été confinées, physiquement isolées. En ce qui concerne les trafiquants, 70 % étaient latinos et 35 % avaient la nationalité américaine.

Autre caractéristique du pays, ce rapport historique très singulier à l'esclavage et à ses traces. L'*Index global de l'esclavage* 2018 estime qu'en 2016, 403 000 personnes vivaient dans des conditions d'esclavage moderne aux États-Unis, soit 1 % des esclaves dans le monde ! Bien sûr, des mineures venant de l'étranger, Mexicaines, Philippines, Chinoises, en font partie, mais les « recrutements » de filles américaines sont importants. L'expert d'une agence internationale sur les questions d'esclavage, en poste aux États-Unis, s'est dit lui-même impressionné. « Je n'avais pas réalisé combien le passé esclavagiste a marqué les comportements et continue en quelque sorte à agir[12]. L'esclavage domestique reste présent. C'est une donnée. Et il concerne essentiellement des filles noires, pauvres, vulnérables. Oui, le vieux cliché. Même dans la communauté afro-américaine, c'est un sujet difficile à aborder. Bien sûr, il arrive que ces esclavages domestiques conduisent à des esclavages sexuels comme partout dans le monde. Mais j'ai fini par comprendre que lorsque les Américains convoitent des mineures pour de l'esclavage sexuel proprement dit, ils s'en prennent plutôt aux natives, aux Indiennes, des filles qui sortent des réserves, essaient de s'en échapper, qu'ils vont chercher par exemple dans le Dakota du Nord, comme s'il y avait toujours ces deux fantasmes, actifs. » Dans le Dakota du Sud, confirme l'ONG Rights4Girls[13], les « natives américaines », c'est-àdire les Indiennes, représentent 40 % des victimes de traite à des fins sexuelles, alors qu'elles ne représentent que 8 % de la population !

La question des violences sexuelles spécifiques à l'encontre des filles noires américaines reste pourtant largement taboue, et par conséquent très peu documentée. Une polémique récente sur le sujet a fait réagir la représentante d'un centre d'aide aux victimes de traite[14] : « En 2017, Georgia Cares, notre agence, a aidé 596 jeunes, + 27 % par rapport à 2016. 94 % des victimes de traite à des fins sexuelles étaient des femmes et 59 % des Afro-Américains, soit près du double du nombre de victimes blanches. Leur âge moyen était de 14 ans ! Elles ont souvent une vie familiale perturbée et sont vulnérables ; 82 % sortaient du système de protection de l'enfance, 70 % étaient des fugueurs fréquents et 88 % avaient été victimes de maltraitances, y compris sexuelles ! La vie entre les mains d'un trafiquant de sexe est brutale. Les survivantes ont été battues, brûlées avec des cigarettes, menacées avec une arme à feu ou autre, violées à plusieurs reprises – parfois la même nuit. Près de 76 % font état de toxicomanie pendant la traite, les trafiquants utilisent des drogues pour les contrôler et les maintenir au travail. »

Dans ce pays de grande immigration, enfin, la question des mutilations sexuelles est loin d'être absente. « En 2013, estime le PRB[15] sur la base d'un rapport des CDC, plus de 500 000 femmes et filles vivant aux États-Unis ont été excisées ou risquent de l'être, dont les familles viennent pour 50 % d'Égypte, de Somalie et d'Éthiopie. » Certaines filles, pour la plupart de nationalité américaine, le sont au cours de séjours dans leur pays d'origine, mais d'autres courent le risque aux États-Unis. Directrice de l'ONG Equality Now, Shelby Quast reconnaît que « des médecins ont fait l'objet d'enquêtes sans que cela ait débouché sur des inculpations ». En 2017, pour la première fois, une femme médecin a été incarcérée à Detroit après des excisions sur des fillettes de 6 à 8 ans, mais la moitié des cinquante États américains, dont le Michigan, où se sont déroulés les faits, n'ont pas de loi propre contre ce type de crime.

En 2016, au nom d'un certain relativisme culturel et du libéralisme moral, deux gynécologues états-uniens, Kavita Shah Arora et Allan J. Jacobs, ont même suggéré d'accepter certaines « altérations génitales » qui n'ont pas d'effet « durable » sur le fonctionnement des organes génitaux ou qui modifient légèrement leur apparence. Leur intervention a soulevé un tollé. Mais le problème ne s'arrête pas là. Un nombre grandissant d'Américaines s'adonnent dans un nombre grandissant de cliniques à des chirurgies esthétiques touchant les lèvres sexuelles et parfois le clitoris et le vagin. Les gynécologues reçoivent chaque semaine des adolescentes qui veulent réduire la taille de leurs petites lèvres. Dans les hôpitaux britanniques aussi, le nombre de labiaplasties a été multiplié par cinq en cinq ans. Récemment, le Collège américain des gynécologues et obstétriciens a même émis des directives à destination des médecins : « Les lèvres ont beaucoup de terminaisons nerveuses. Il pourrait donc y avoir une diminution de la sensation sexuelle après l'opération, un engourdissement, une douleur ou des cicatrices[16]. »

Désirer porter atteinte à son propre sexe pour lui attribuer une forme nouvelle, semblant plus au goût du jour, marque l'apparition d'un nouveau récit du féminin, à la fois hypercontemporain, ultralibéral et attentatoire, où certaines filles, sans doute ne sachant rien ou presque du féminin, sinon dans sa seule forme d'objet convoité, s'automutilent.

III

Inde

À force de fœticides et de filiacides, il manque 63 millions de femmes en Inde, l'équivalent de la population britannique. 42 % des filles y subissent des agressions sexuelles avant l'adolescence.

L'Inde, pays de 19 % des enfants du monde, et le deuxième plus peuplé avec 1,3 milliard d'habitants, est aussi celui faisant le plus difficilement leur place aux filles ; toutes les violences pratiquées à leur encontre y sont présentes. Les récentes affaires de viols collectifs en sont l'un des symptômes les plus criants ; à force de pratiques témoignant qu'une fille ne vaut rien ou qu'on peut en faire ce qu'on veut, la pire représentation finit parfois par l'emporter : filles sans droits que chacun peut prendre à sa guise.

De fœticides en filiacides, écartant le féminin comme indésirable, le pays accuse désormais un déficit de 63 millions de femmes. La tradition est ancienne, ancrée, désormais favorisée par les techniques modernes d'échographie et d'amniocentèse détournées pour sélectionner les fœtus féminins à avorter. Le nombre de filles mises au monde diminue chaque décennie ; de 962 filles pour 1 000 garçons en 1981 à 914 pour 1 000 en 2011. Malgré la loi de 1994 les interdisant, de nombreuses cliniques privées proposent des « packages » échographie + avortement pour 5 000 à 10 000 roupies (85 à 170 euros). Et, contrairement aux idées reçues, les ménages aisés ne sont pas les derniers à recourir à ces avortements ciblés, au contraire : selon le recensement de 2011, le fœticide progresse dans les États indiens les plus riches.

C'est de là aussi que les couples fortunés se rendent désormais à l'étranger dans des cliniques privées proposant les techniques les plus sophistiquées du *sexing*, la présélection des embryons en fonction de leur sexe (voir p. 47-48). Une enquête sur 1 million de ménages indiens, publiée dans *The Lancet* en janvier 2006, a révélé que près de 500 000 bébés féminins étaient perdus chaque année par avortement sélectif ; 10 millions de naissances féminines pourraient avoir été interrompues au cours des vingt dernières années[1].

Mais pour d'autres familles parmi les plus déshéritées, la « sélection » a lieu quand naît l'enfant, faute pour la mère d'avoir été financièrement en mesure de bénéficier d'une échographie. Elle doit attendre qu'il soit là pour connaître son sexe. Alors, d'elles-mêmes ou sous la pression de leur entourage ou leur communauté, ces femmes tuent leur bébé ou font en sorte qu'il ne survive pas (voir p. 52). « L'infanticide s'opère dans le secret des foyers, dicté par la misère, les croyances religieuses, la misogynie. Dans le sud de l'Inde, une femme qui ne condamne pas sa fille à mourir est bannie de la communauté villageoise[2]. » C'est ce drame que décrit le film *La Malédiction de naître fille* sur ces « disparues » qui pourraient être 200 millions d'ici à vingt-cinq ans, selon des projections alarmantes de l'ONU et de l'Unicef.

Pour la dernière génération, sur 18 millions de filles manquantes, 17 millions ont été tuées vivantes et non avortées. En 2012, pour la première fois, le sujet est abordé explicitement par le quotidien indien de langue anglaise *The Hindu*, dans une enquête simplement intitulée « L'Inde perd 3 millions de filles par infanticide[3] ». Un rapport de l'Unicef en 2007 a établi de son côté que les fillettes au-dessous de 5 ans ont un taux de mortalité 40 % plus élevé que les garçons du même âge.

Le Premier ministre indien Narendra Modi a lancé en janvier 2015 une campagne, *Save girls, save the girl child*[4], appelant les parents à ne pas tuer leur fille parce qu'ils veulent un garçon. Il a même décrit le fœticide féminin comme de la « maladie mentale » et ajouté que cette discrimination, si elle ne cesse pas, pourrait engendrer une « terrible crise » à cause du manque de femmes, mais il ne s'attaque pas pour autant à la question de la dot, qui demeure la cause principale du filiacide.

Avortements et infanticides restent alors le plus souvent des tabous, des secrets de famille. Familles où se mêlent des mères obligées de se conformer à ces vœux de mort pour ne pas êtres exclues, des fils seuls autorisés à vivre et, de là, ce regard porté sur les filles, et d'abord comme quelque chose dont on ne veut pas. Le fait que l'Inde soit contre elles un pays de violence extrême n'est évidemment pas sans lien. Pourquoi les respecterait-on dans ce cas, pourquoi les protégerait-on ?

Un rapport gouvernemental de 2013 mentionne un bond alarmant de 336 % des affaires de viols d'enfants lors des dix dernières années. « Toutes les deux heures, estime une étude épidémiologique sur les abus sexuels[5], un enfant de moins de 16 ans est violé, toutes les douze heures, un enfant de moins de 10 ans et en général 1 enfant sur 10 est victime d'abus. Des nourrissons aussi sont violés. Un enfant sur deux est exposé à l'une ou l'autre forme de violence sexuelle et un sur cinq à ses formes critiques. »

Selon l'Unicef, de 2005 à 2013, près de 42 % des filles indiennes ont subi des violences sexuelles avant leur adolescence. Save the Children et l'ONG indienne Tulir[6] ont mené une étude en 2005 auprès de 2 211 enfants de Chennai : 40 % des filles ont déclaré avoir été victimes d'abus sexuels, et 15 % d'agressions sexuelles graves.

La culture du viol est telle qu'un viol collectif sur la place publique devient parfois la punition imposée par des instances judiciaires informelles (justice du village, conseil des anciens...) à des jeunes filles ! Dans le district de Bhagpat, dans le nord de l'Inde, deux sœurs intouchables dont l'une de 15 ans ont été condamnées en 2015 à être violées et exposées nues car leur frère s'était enfui avec une femme mariée d'une caste supérieure. En 2013, dans un village du Bengale-Occidental, une jeune femme a été violée par treize hommes, dont le chef du conseil de village, pour n'avoir pas payé l'amende à laquelle elle était condamnée pour avoir eu une relation avec un homme d'une autre communauté. Entre-temps a eu lieu en 2012 le viol collectif d'une étudiante à Delhi, morte de ces violences. Si quatre des violeurs ont été condamnés à mort, aucun membre du système policier, hospitalier et judiciaire qui l'ont laissée agoniser dans la rue puis sur le sol de l'hôpital n'a été inquiété.

L'Inde est aussi le pays qui rassemble environ 30 % des « enfants-épouses » du monde, presque un tiers des enfants mariées de la planète ! Bien que la pratique soit illégale, le pays compte au moins 25 millions d'enfants-épouses. Selon un rapport de l'Unicef de 2007, beaucoup ont moins de 10 ans lorsqu'elles sont données en mariage à des hommes bien plus âgés qu'elles ; 15 ans est un âge « normal », mais cela peut être avant et même concerner des impubères alors que l'homme a souvent 30 ans, parfois 35.

Le recensement national de 2001 a montré qu'environ 300 000 filles de moins de 15 ans avaient déjà deux enfants ou plus, ce qui signifie la fin bien avant terme de l'enfance, de l'éducation, de la préparation d'un avenir. De plus, elles sont sujettes à des viols et violences sexuelles de la part de leurs maris et parfois d'autres hommes vivant ou se rendant dans la maison. Trop petites, elles ne peuvent ni leur résister ni les repousser. Leurs viols sont considérés comme faisant partie de la « vie d'épouse » à laquelle elles apprendront à s'habituer, comme au Maroc ou ailleurs…

Autres plaies dues pour partie au déséquilibre hommes-femmes et à une société très inégalitaire, la prostitution forcée, voire l'esclavage sexuel font de l'exploitation sexuelle une réalité pour environ 1,2 million d'enfants issues de minorités ethniques ou castes inférieures. Je n'oublierai jamais ces gamines maigrichonnes surmaquillées et habillées de clinquant des quartiers touristiques de Calcutta. J'avais mis des jours à comprendre qu'elles étaient de très jeunes prostituées venant se vendre pour quelques roupies à des touristes.

Dans un pays où à peu près aucun trafiquant n'est condamné faute de preuves et d'avocats et juges spécialisés et où, en 2015, seuls 55 cas d'exploitation sexuelle de mineurs ont été jugés, l'ONG internationale Free A Girl, qui travaille à libérer les filles du trafic sexuel, s'est associée à l'une des écoles de droit les plus réputées du pays pour ouvrir la School For Justice, une école de la justice créée pour former les survivantes du trafic sexuel à devenir avocates ou procureures. « J'avais 9 ans quand j'ai été vendue pour devenir prostituée, sévèrement torturée. Les auteurs ne sont pas punis et se promènent librement, mais moi, je ne suis toujours pas libre[7] », explique une des étudiantes. Dans la classe, elles sont dix-neuf à suivre un programme spécialisé, elles resteront cinq ou six ans. « Il y a eu de sérieuses menaces contre nous, explique un des responsables, raison pour laquelle nous ne divulguons pas l'emplacement de l'école ni le vrai nom des élèves. »

Autre violence, autre démesure indienne, selon l'*Index global de l'esclavage* de l'ONG Walk Free en 2013, presque la moitié des esclaves dans le monde se trouvent en Inde, dont une majorité de femmes et filles vendues comme esclaves sexuelles. Avec un tiers de la population vivant sous le seuil de pauvreté, et près de 250 millions d'illettrés, ces dernières sont des proies faciles, généralement vendues très jeunes à des intermédiaires qui leur promettent un emploi en ville et les livrent à des bordels. Une fois vendues, parfois sans identité légale, impossible de les retrouver sur l'immensité du territoire, d'autant que la police n'est souvent d'aucun soutien, certains policiers étant des clients de cette prostitution forcée ou les soutiens corrompus des trafiquants.

Fatima Khatoon appartient aux Nats, caste indienne du nord de l'Inde et du Népal dont les filles sont parfois réduites à la prostitution[8]. Elle a été mariée de force à 9 ans, son mari tient un bordel avec sa mère et ses trois frères à Forbesganj, 380 000 habitants, à une vingtaine de kilomètres de la frontière indo-népalaise ; une clientèle de camionneurs, locaux et trafiquants. Fatima essaie quatre fois de s'enfuir, chaque fois rattrapée et violentée. Dans le bordel, des filles de son âge, violées plusieurs fois par jour. De 100 à 200 roupies en moyenne la passe, 1,40 à 2,80 euros. « Une fille nat peut valoir entre 1 et 3 lakhs (1 300 à 4 000 euros) selon sa beauté, alors qu'une fille d'une autre communauté ne coûtera que de 10 000 à 30 000 roupies (130 à 400 euros). » Un jour, Fatima réussit à libérer quatre Népalaises. Le mari, sa mère et ses frères la punissent, mais malgré les coups elle résiste. Elle a rencontré en secret Apne Aap, association luttant contre le *sextrafficking*. Aujourd'hui, elle travaille avec eux, est remariée.

Il y a quelques mois, sa fille de 14 ans a été arrêtée alors qu'elle se promenait, gardée 48 heures au poste, apparemment pour déstabiliser sa mère afin qu'elle arrête sa lutte… chaque bordel qui disparaît, c'est moins d'argent des souteneurs aux policiers pour qu'ils ferment les yeux.

Fondée par vingt-deux anciennes prostituées, décidées à ce que plus aucune femme ne soit achetée ou vendue, Apne Aap Women Worldwide est une ONG indienne qui travaille pour donner aux filles et aux femmes les moyens de résister, en les organisant en petits groupes d'autonomisation où elles font en sorte collectivement d'accéder à leurs droits juridiques, sociaux, économiques et politiques. Elles ont fait l'objet du documentaire *The Selling of Innocents,* de Ruchira Gupta, qui dénonçait le trafic de femmes et de filles du Népal en Inde.

Dans leur jeunesse enfin, des milliers de filles risquent d'être tuées à cause de la pratique de la « dot », pourtant illégale depuis cinquante ans. On estime les meurtres à environ 136 000 par an, une femme tuée toutes les cinq minutes, mais on ignore le nombre de meurtres faussement qualifiés de « suicides » ou d'« accidents ». Bien souvent en effet, les demandes de la belle-famille ne cessent d'augmenter au fil du mariage, demandes d'argent mais aussi de biens, voitures ou même maisons. Lorsque la famille ou la femme refuse de payer, celle-ci peut être tuée, brûlée vive, et l'on fait croire alors à un « accident de cuisine »... Ces meurtres peuvent être aussi maquillés en suicides.

Certaines communautés spécifiques de l'Inde, enfin, pratiquent les mutilations sexuelles. Quand on demande à cette femme de 53 ans si ses filles ont été excisées, elle répond par l'affirmative même si, en fait, elle ne le leur a jamais fait subir[9]. Membre de la communauté chiite ismaélienne des dawoodi bohras, elle avait 7 ans quand on lui a fait sa *khatna* (ablation du clitoris). « Je ne pouvais plus m'asseoir. Même marcher était douloureux. » Un jour, une tante lui fait lire un article sur les mutilations sexuelles : « J'ai découvert que c'était pour supprimer tout désir sexuel. » Quand l'aînée de ses filles a été en âge, elle a évoqué l'article avec son mari. Il lui a répondu de faire ce qu'elle estimait être le mieux pour leur fille. Mais la grand-mère n'a rien voulu entendre; elle a donc choisi de mentir. Quand on lui demande si ses filles ont eu leur *naak vindhayu* (« nez percé », nom de code de l'excision), elle répond que oui. Ses filles, à qui elle a expliqué les raisons de ce secret, font de même. « Si vous supprimez le désir sexuel, vous n'avez jamais envie de faire plaisir à votre mari ! », explique-t-elle.

Le 14 octobre 2011, Tasleem, femme bohra de 40 ans, a lancé une pétition sur Change.org pour demander au *syedna* Mohammed Burhanuddin, le *dai* (chef religieux) de la communauté, d'interdire la *khatna*. Elle lui a également envoyé un rasoir et une photo d'une petite fille en train de pleurer. Elle n'a reçu aucune réponse. À la mi-janvier 2012, la pétition n'avait été signée que par mille personnes, des étrangers pour la plupart. Toute personne qui remet en cause l'excision pourrait en effet être considérée « comme quelqu'un qui ne suit pas les préceptes de la religion ».

IV

Égypte

« L'argent, le pouvoir, la domination vont à l'encontre des droits humains des filles. On leur fait accepter n'importe quelle violence parce qu'elles sont pauvres : le viol, le mariage, la mutilation. »

Elle est assise en face de moi, la quarantaine, femme très éduquée, féministe, responsable locale d'une ONG internationale, maison cossue, des livres partout, l'Égypte cultivée, intellectuelle. Elle évoque l'impact négatif des violences faites aux filles sur les stratégies de croissance des États, notamment ici. Elle parle et quelque chose tout à coup change, sans que rien l'annonce.

Elle dit qu'elle a perdu sa mère enfant, vécu chez sa grand-mère avec son père et sa sœur, qu'un jour sa grand-mère les a appelées dans une des pièces où se trouvaient déjà la voisine et un homme, qu'elle s'est retrouvée plaquée sur un lit, robe relevée, jambes écartées. Excisée de force. Elle avait 11 ans. Sa petite sœur de 7 ans, après avoir assisté à tout, y est passée à son tour. « Je criais, alors l'homme m'a battue. » Elle ajoute : « Cette honte qui domine. » Pourquoi la honte ? de quoi ? « Cette part de moi, la plus intime, exposée devant tous, qu'ils regardent, qui en parlent. » « J'avais très peur d'uriner ensuite, je me souviens, tellement ça faisait mal, ça a duré longtemps. » Un temps : « Ensuite ils ont dit c'est bien tu as grandi. » « Le grand mensonge », ajoute-t-elle, et elle ne veut plus du tout en parler.

Elle y revient beaucoup plus tard. « J'ai voulu en reparler à ma grand-mère des années après. Elle m'a juste dit tu n'as pas à te plaindre, pour ta cousine, ça a été beaucoup plus sévère. » Le vagin s'est rétracté. Refermé. Son mari ne pouvait pas la pénétrer. Il a fallu la rouvrir chirurgicalement.

À quelques kilomètres de là, il y a les pyramides, les tombeaux pharaoniques ; on y a trouvé, semble-t-il, des traces d'excision sur des momies, la pratique viendrait de là, son origine dans le monde, essaimée à partir des caravanes de marchands vers l'Afrique en direction de l'ouest, la péninsule Arabique en direction de l'est. L'expression « circoncision pharaonique » est toujours employée dans ce pays comptant le plus de filles et de femmes touchées, jusqu'à 97 % dans certaines zones rurales et parfois sous la forme de la plus sévère, l'infibulation.

L'histoire, étrangement, se répète. La pratique recommencerait à s'étendre d'Égypte vers le Moyen-Orient et les pays du Golfe, seule région du monde à la voir progresser alors qu'elle régresse ailleurs. L'Égypte est un grand pays de 90 millions d'habitants. La révolution de 2011 a échoué dans le sang. Les tensions politiques et religieuses sont fortes. De nombreux imams ont rejoint les autres États de la région, où ils prônent ce que certains appellent la resoumission des femmes, une tentative de reprise en main des corps et des libertés après l'échec des « Printemps arabes » et l'apparition massive des jeunes filles dans un espace public jusque-là interdit. Des fatwas de Daech et des Frères musulmans ont récemment appelé à l'excision, dans les campagnes de la haute Égypte aussi.

Il faut dire que dans le pays de nouveau gagné par la misère, où le tiers de la population vit sous le seuil de pauvreté, le régime politique autoritaire et des mouvements islamistes influents, où 25 % de la population est encore illettrée et les filles soumises à des règles minorantes, par exemple sur les héritages, toutes les mauvaises pratiques leur sont imposées.

Sur fond, comme ailleurs, de pauvreté et d'accès facilité aux échographies, le fœticide est pratiqué par des mères souvent forcées au geste. « Il y a cette femme par exemple dans un village proche, raconte Amina, déjà mère d'un garçon et d'une fille, apprenant qu'elle en attendait encore une. Sa belle-mère, comme c'est souvent le cas ici, a voulu la forcer à avorter, mais c'était trop dangereux, elle en était à sept mois. Elle a gardé le bébé. Résultat, la belle-mère l'a obligée à quitter la maison, son mari a divorcé, elle a dû repartir chez ses parents. Beaucoup d'autres femmes dans ces conditions choisissent d'avorter, quitte à se mettre en danger de mort. »

Dans les campagnes et les bidonvilles, ces zones périurbaines autour du Caire sans existence légale, où des habitations de fortune s'entassent, abritant des gens d'une grande pauvreté, le filiacide a cours également ; comme au temps des pharaons, rappelle-t-on souvent ici, *burried alive* (enterrées vivantes) dans le sable. Elle le dit en baissant les yeux. « Les femmes ici acceptent de le faire pour sauver la maison », c'est-à-dire que le mariage ne vole pas en éclats si elles laissent vivre une fille de plus, qu'elles ne soient pas répudiées, que le mari ou la belle-famille ne les chasse pas. « Beaucoup le font », ajoute-t-elle. On ne saura jamais combien. Pas de registres, de déclarations ni de statistiques. « Parfois le docteur accepte de le faire lui-même, il suffit d'une injection, il peut se charger aussi de brûler le corps. Parfois le docteur refuse. Alors la mère s'en charge. » Elle fait le geste avec ses mains de soulever un objet lourd comme une pierre, imposant. « Elle l'écrase. Ou avec un couteau. » Elle désigne le meuble. « Ou en la jetant par terre. »

L'inceste aussi existe, pour les mêmes raisons de promiscuité, de pauvreté, de frustration. « On le sait par les enquêtes s'appuyant sur les récits intrafamiliaux, l'inceste est prévalent dans ces récits, explique cette responsable d'une ONG internationale. Il y a peu d'espace dans ces familles très pauvres, beaucoup de promiscuité, une grande absence de liberté dans les relations et des difficultés parfois à contracter des mariages. La satisfaction du désir se passe à l'intérieur de la famille. Oui bien sûr il arrive que des enfants en naissent. Oui bien sûr il arrive que la mère le sache. » On sait aussi qu'une partie de ces enfants ne sont pas déclarés.

Mais le paradigme du rapport au féminin, en Égypte, pays de son origine, est bien l'excision. « C'est comme la base de toutes les violences contre les filles, dit Sahar, c'est la première, la principale. [...] Oui, évidemment, c'est la racine de toutes les violences contre nous, reprend cette intellectuelle, ça commence avec ça. »

Ce qui m'a le plus impressionnée au début de mon enquête, c'est de n'avoir jamais su avant, dans un pays si proche, assez familier, que plus de 90 % des femmes étaient mutilées. Chaque fois que je l'ai dit en France, la stupéfaction aussi l'a emporté. J'ai posé la question au Caire : Pourquoi ne le savons-nous pas ? On m'a répondu par la gêne, la honte, le tabou, la protection de quelque chose qui ne doit pas apparaître à l'extérieur.

Aujourd'hui les choses évoluent, une partie de la société se bat contre, dans la nouvelle génération de plus en plus de filles en seront préservées. Mais deux autres tendances malheureusement vont à l'encontre de ces progrès : la médicalisation de l'acte et la pression islamiste. Combattre l'excision devient même parfois combattre l'idéologie radicale, on le sent chez ces jeunes femmes y compris rurales qui ont eu le courage de manifester quand les Frères musulmans se sont installés au pouvoir en 2012, avant d'être chassés par l'armée.

« Dans les prêches, ils recommençaient à dire que l'excision, c'est bien, raconte Ilham, habitante d'un village de haute Égypte où les Frères musulmans sont nombreux. Nous sommes sorties dans les rues pour qu'ils ne croient pas qu'on allait les laisser faire. Dans nos villages, ce sont les infirmières qui le font, la mère pense que sinon on n'épousera pas sa fille. C'est pratiqué seulement pour les autres, pour le regard des autres, vers 6 ans. S'il y a deux filles, ils le font aux deux ensemble ; si tu cries, ils te battent. C'est comme ça qu'ils ont fait avec moi. Mais ma fille ne le sera pas, jamais. Comme je vis dans une grande maison avec toute la famille de mon mari et que ma belle-mère voulait que je le fasse, tu sais ce que j'ai fait ? Un jour, j'ai emmené ma fille soi-disant chez un docteur et en rentrant je lui ai dit voilà, je l'ai fait. Mon mari était d'accord pour qu'on lui mente. On ne lui dira jamais la vérité. »

Dans un pays où le taux de pauvreté est repassé de 27,8 % en 2015 à environ 40 %, bien que l'âge légal du mariage soit 18 ans depuis 2008, les mariages d'enfants aussi sont encore importants, notamment dans les campagnes et les zones périurbaines très pauvres. « C'est très lié à la pauvreté, explique I., habitant la haute Égypte, c'est une façon pour les familles de les caser quelque part. Pour les filles c'est vers 13, 14 ans et les hommes ont souvent 30, 37 ans. Il n'y a pas de plaisir pour elles. Elles pleurent, elles crient. Mais les mères n'en parlent pas. Dans mon village, à côté de chez moi, une fille de 15 ans, après son mariage, saignait sans cesse, elle a eu une hémorragie, elle en est morte. » Une étude de 2001 a démontré que 29 % des enfants mariées avaient été battues par leurs maris.

Une semaine avant mon arrivée en haute Égypte, des islamistes de Daech s'en sont pris à un bus de pèlerins coptes égyptiens qui se rendaient dans un monastère. Bilan : sept morts, de nombreux blessés et une communauté chrétienne minoritaire mais très ancienne, fondée en Égypte en 43 après Jésus-Christ, une nouvelle fois prise pour cible. Ma venue a été annulée, la région allait être quadrillée par des forces de police, ma sécurité ne pouvait être assurée. J'ai insisté, obtenu un aller-retour dans la journée, départ avant l'aube, chauffeur-garde du corps.

Elles m'ont accueillie dans une maison au bord du Nil. Des jeunes femmes uniquement, avec ou sans foulard, vivant dans les villages voisins, au sein d'une association créée pour améliorer le sort des filles.

Toutes sont issues de familles pauvres, ont souvent dû se battre pour accéder à l'école, été pour la plupart excisées, mariées très jeunes. Elles ont décidé que ça changerait, leurs filles ne sont pas excisées malgré la pression familiale. Elles vont dans les écoles et les familles pour faire évoluer les choses. I., excisée, a refusé de le faire à sa fille. « J'en parle avec mes amies. Je vais en parler dans les écoles. J'explique tous les dangers pour les filles, je dis aux parents que s'ils les élèvent comme il faut, ils n'auront pas à les couper [*sic*] pour qu'elles soient respectées. » S., elle, est plus critique : « Cette société de domination très masculine a l'obsession de la virginité ! Moi par exemple je suis la propriété de mon mari, je dois le servir, je suis là pour ça. Alors qu'en fait, je le sais maintenant, les filles sont très intelligentes et de très bonnes personnes, mais personne ne comprend qu'elles sont si bien ! C'est pour ça que je suis là, pour aller le dire, aux filles d'abord, qu'elles se fassent confiance. »

À les entendre, leurs efforts paient, les mentalités changent lentement, à force de parole. Mais c'est comme affronter un dragon de mer, tant une partie du pays s'adonne avec cruauté aux abus sur les filles, l'État lui-même parfois. On se souvient tous de ces scènes inimaginables de jeunes filles violées en public pendant la tentative de révolution de la place Tahrir en 2011 : « Une femme vers la fin de l'après-midi, un jour de manifestation, égyptienne ou non, voilée ou pas, se fraie un chemin dans la foule… Soudain, tout bascule… Les mains d'abord, par dizaines, s'abattent sur son corps… Projetée à terre, elle voit ses habits arrachés, sent des doigts s'immiscer en elle malgré ses hurlements de terreur. Une foule d'hommes se bousculent, tendant leurs bras pour la toucher. D'autres tentent de la protéger. Cela peut durer une heure[1]. »

« Ces attaques sont calculées et organisées pour effrayer les femmes et les chasser de la sphère publique », affirme alors un rapport publié par l'ONG Nazra. Depuis, d'autres faits ont confirmé cette crainte, l'agression sexuelle est devenue une représaille de l'État à l'égard de jeunes filles l'ayant défié. Un rapport de la FIDH (Fédération internationale des droits de l'homme) en mai 2015, « Hypocrisie au sommet de l'État : les violences sexuelles commises par les forces de l'ordre en Égypte », le met cruellement en lumière : « politique générale d'humiliation », « pratique routinière », « généralisation et banalisation de cette violence dans l'espace public ». Autant d'attaques publiques, dans une des villes depuis longtemps déjà considérées comme les plus dangereuses pour les femmes, ne pouvant que renforcer les sentiments de toute-puissance et d'impunité d'une partie de la population masculine.

L'Égypte enfin est un pays source, de transit et de destination pour les hommes, les femmes et les enfants victimes de travail forcé et de traite à des fins sexuelles. Les enfants égyptiens sont vulnérables au trafic sexuel et au travail forcé dans les travaux domestiques, la mendicité dans la rue et le travail agricole. Le tourisme sexuel est important au Caire, à Alexandrie et Louxor. Les mariages « temporaires » ou « d'été », imposés aux filles pauvres par des ressortissants notamment d'Arabie saoudite, des Émirats arabes unis et du Koweït, sont de la traite ; il arrive aussi, note le département d'État américain, que certains de ces hommes achètent des femmes et filles égyptiennes pour des mariages à des fins de commerce sexuel, trafic sexuel et travail forcé.

À ces violences, communes aux États pauvres, une supplémentaire en Égypte s'y ajoute, du fait de sa proximité avec les très riches monarchies du Golfe. C'est, dit-on, une « coutume » musulmane, appelée mariage saisonnier ou de plaisir, mettant des mineures vierges entre les mains d'hommes riches du Golfe le temps d'une saison, d'un été, d'un mois, qu'importe. Il y a des villages spécifiques pour ça dans la périphérie du Caire, très pauvres, de ces zones périurbaines souvent illégales où bien des enfants non plus n'ont pas d'existence légale. Des *slum areas*, quartiers-bidonvilles. Certaines des rues en terre rouge défoncée y ont été baptisées Koweït, Arabie saoudite, Qatar ou Émirats arabes unis en fonction des pays d'où viennent ces hommes. « Des "courtiers" (*brokers*) [*sic*] reçoivent leurs demandes, explique M., membre d'une ONG internationale du Caire, repèrent les jeunes filles, vont voir les pères et négocient. Dans ces familles très pauvres, un contrat avec quelques milliers de livres égyptiennes et un bracelet en or, parfois faux, suffisent à vendre la fille, et parfois à obtenir son consentement. Regardez où elles vivent, dans quelles conditions, sans avenir possible ; pourquoi ne pas tenter l'impossible ?

Le *broker* fait signer un contrat au père, un avocat véreux est de la partie, les deux hommes empocheront l'essentiel de l'argent. Le contrat est falsifié pour que la jeune fille soit majeure.

« Alors la fille est amenée au Caire, dans un appartement qu'on lui a présenté comme le sien mais qui n'est qu'une coquille vide. Là, la fille est soumise au plaisir de l'homme. Ses coups parfois. Des pratiques interdites par l'islam. Souvent ces hommes sont beaucoup plus vieux que les jeunes filles et dopés par des médicaments. » Viols constants. Parfois aussi les jeunes filles sont conduites dans les pays du Golfe avec des visas de travail comme servantes. Elles peuvent y découvrir sur place que l'homme auquel elles seront mariées n'est pas du tout celui qu'on a montré, qu'il est beaucoup plus vieux, handicapé, malade. Mais elles rapporteront de l'argent à leur famille ; avec cet argent, la famille pourra marier d'autres de ses filles.

Et puis, dans la plupart des cas, elles seront rendues, parfois sans la dot promise. Et à qui se plaindre, puisque rien de tout ça n'a d'existence juridique ? Parfois aussi, elles seront renvoyées enceintes. Comme elles seront mineures, leur enfant ne sera pas enregistré. Sans existence légale. Éventuellement plus tard, quand elles auront 18 ans. « Certaines sont mariées plusieurs fois. »

« Il est arrivé que ça marche, reprend mon interlocutrice, qu'un de ces mariages se passe bien, dure, que la fille revienne avec de l'argent pour sa famille. Alors toutes les autres veulent tenter le coup. C'est comme pour vous jouer au loto. Quel autre choix ont ces gens de voir leur existence changer ? Aucun. Ils sont condamnés à la naissance. Les filles le savent. Elles se sacrifient. On leur demande de le faire. On les oblige. Toutes les options existent. Et les *Gulfies* en profitent. C'est ça qui nous met en colère, plus que le sacrifice de ces filles peut-être, c'est que ces hommes arrogants se croient tout permis. Politiquement, moralement et religieusement, leur influence chez nous est très grande parce qu'ils possèdent l'argent, ils investissent ici, l'État leur est redevable, et pas seulement l'État, ceux qui font des affaires, les classes aisées. »

Ni l'Arabie saoudite ni aucun des États impliqués n'ont jamais fait le moindre commentaire sur ces mariages considérés comme de la traite alors même que des institutions égyptiennes ont parfois tenté de s'opposer à la pratique et la dénoncer. « C'est du *hidden crime*, du crime très bien organisé et très bien maquillé dans lequel vous n'attrapez jamais les joueurs, se fâche M., le gouvernement ne peut pas le criminaliser alors qu'il le faut. Pourquoi ? À cause du pouvoir religieux dans notre pays, des luttes de pouvoir. Les filles le paient. L'ONU ne veut pas considérer qu'il s'agit de trafic alors que c'en est. Pourquoi ? » Elle prend la feuille de mon bloc-notes. Elle écrit en gros : « Arabie saoudite. *Violence against women. Child rights* » (violence contre les femmes, droits des enfants). Elle fait allusion au fait que l'Arabie saoudite a réussi à se faire nommer dans deux instances de l'ONU, dont la Commission de la condition de la femme des Nations unies, UN Women, nouvelle agence chargée de défendre les droits des femmes, et le « groupe consultatif » du Conseil des droits de l'homme, chargé notamment de sélectionner les rapporteurs sur des thématiques comme les violences faites aux femmes.

Ce jour-là justement, au Caire, UN Women a organisé une réunion avec plusieurs pays arabes autour des questions de mutilation et des mariages d'enfants. C'est une militante à Tunis qui m'a prévenue, je demande une invitation. Pas de place, me répond-on. J'y vais quand même; sur la liste d'attente, nous sommes deux. On me fera finalement savoir de façon peu aimable que ma présence est tout à fait indésirable.

Un participant à la réunion me contactera un peu plus tard pour que nous nous rencontrions, il a des choses à dire. La rencontre sera discrète, en dehors du Caire. Même pour parler de mariage, même dans le cadre de l'ONU, les précautions ici sont nécessaires. Il travaille depuis des années sur ces questions, sillonne le monde arabe, est un expert reconnu, parlera en off.

« Nous savons que les excisions recommencent à augmenter dans les pays de la Ligue arabe, dit-il. Après le Yémen, l'Arabie saoudite et Oman, c'est au tour de l'Irak, du Kurdistan. Il ne faut surtout pas sous-estimer la volonté de reprise en main des leaders religieux conservateurs. Quant aux mariages d'été des pauvres gamines de l'Égypte ou du Yémen mariées une, deux, trois fois à des hommes du Golfe, c'est un sujet très tabou. La présence de l'ONU dans cette zone est soumise à des règles très précises. Le Nord se tait. Qui viendrait secouer la fourmilière ? C'est pour ça qu'il n'y a pas de statistiques. Quant aux ONG, elles disent à juste titre que, pour changer ça, il faut donner des alternatives aux filles. La grande violence, c'est la pauvreté. C'est pour ça que c'est révolutionnaire d'attaquer ceux qui s'en prennent aux filles, c'est parce que ça doit aller à l'encontre de toutes les compromissions faites sur leur dos. En fait, l'immense majorité des leaders, y compris les vôtres et ceux des grandes agences internationales, s'en foutent complètement. On ne va pas à l'encontre de l'argent, du pouvoir, de la domination. Or l'argent, le pouvoir, la domination vont à l'encontre des droits humains des filles. On leur fait accepter n'importe quelle violence parce qu'elles sont pauvres : le viol, le mariage, la mutilation. La vraie révolution, ce sera quand elles auront les mêmes choix qu'un garçon. »

Conclusion

Établir le refuge, protéger l'abondance

Je referme le récit. Vingt ans ont passé depuis ma rencontre avec Mary. Au Soudan du Sud, à peu près rien n'a changé dans la situation des filles, je pense même qu'elle s'est plutôt dégradée. Dans tous les contextes de conflit, les violences à leur égard sont de plus en plus grandes, systématiques, une sorte de partie de plaisir accompagnant, renforçant, stimulant la jouissance de se battre, d'avoir un uniforme, des armes, passer par des sentiments d'invulnérabilité, de toute-puissance.

Qui a vu les hommes assis mitraillette au poing, Ray-Ban sur les yeux, à l'arrière des 4×4 au Soudan du Sud, au Rwanda, en Centrafrique, en République démocratique du Congo, au Liban ou ailleurs, sait de quoi je parle. Une fille de 14 ans sur le chemin de l'exil est à la fois l'antithèse absolue de ces hommes et leur proie préférée. Sa vulnérabilité est à son comble, sa fragilité. C'est ce qui la rend à leurs yeux si attirante. La violer à plusieurs est porter à son apogée cette forme de déshumanisation que souvent ces hommes en guerre affectionnent, qu'à défaut de retourner contre eux, ils retournent contre les plus faibles d'entre nous.

Au Soudan du Sud, 2 filles sur 3 ont été victimes de violences physiques ou sexuelles.

La rapporteuse spéciale de l'ONU chargée de la question des violences sexuelles en période de conflit, Mme Pramila Patten, l'expose crûment à propos du Soudan du Sud[1] : « Des actes de viol effroyables, des mutilations d'organes sexuels et d'autres formes de violence sexuelle perpétrés contre des filles, souvent devant des proches, afin d'humilier les victimes, les familles et l'ensemble des communautés, ou parfois comme une forme de punition en milieu de détention. La prolifération des milices avec un accès facile aux armes a augmenté le taux de violence sexuelle. Près de 2 millions de civils ont été déplacés dans le Sud-Soudan. Deux millions de civils supplémentaires se sont enfuis de l'autre côté de la frontière, le risque de violence sexuelle est exacerbé par des éléments des forces de sécurité, des milices et des bandes de jeunes soldats armés. La stigmatisation sociale et la pression de la communauté perpétuent le silence sur ces crimes, qui peuvent avoir pour conséquence que les filles soient retirées de l'école et rejetées. On estime que 90 % des atteintes sont renvoyées aux mécanismes de justice traditionnelles, qui peuvent exiger des victimes d'épouser leurs agresseurs. »

Qu'une fille de 14 ans, où qu'elle se trouve dans le monde, ne soit ni mutilée sexuellement, ni enlevée de l'école, ni violée par un, deux ou quatre hommes, ni vendue ou donnée à l'un d'eux, ni abandonnée sur le chemin, est la moindre des choses, de notre responsabilité collective. Au lieu de penser depuis des siècles que ces violences faites aux filles seraient une sorte d'inévitable, d'impensé, comme une tradition humaine involontaire, presque une fatalité. Ce qu'aucune n'est.

Établir des refuges où que ces situations se trouvent est, dès lors, la moindre des nécessités. De simples lieux à l'abri, sous la protection d'adultes, où les filles qui en ressentent la nécessité puissent fuir. Des quartiers de camps de réfugiés de l'ONU réservés aux filles et protégés par des femmes militaires, les soldats de l'ONU violant aussi les filles et les hommes de l'extérieur s'abattant sur elles pour les « épouser ». Des refuges clandestins dans les pays de mutilation et de mariages d'enfants. Des codes de détresse valables partout dans le monde. Des formations adaptées des professionnels de santé et forces de l'ordre partout dans le monde. Des adultes référents volontaires sur ces questions partout dans le monde. Une connaissance nette de ces faits partout dans le monde. Savoir. Engendrer, transmettre et partager ce savoir.

*

Je referme ce récit. J'y ai baigné jour après jour dans la compagnie de ces filles autour de moi, dont j'avais les voix en quelque sorte à mes côtés, les corps, la plainte parfois également. J'ai beaucoup appris.

Je referme ce récit.

L'horizon ultime du plaisir féminin est une jouissance dite d'abondance ou de débordement, nommée par certains fontaine, production d'une eau débordant du vagin, signe d'un bien-être ; le sexe féminin trouvant là en quelque sorte un épanchement supplémentaire, signe d'un corps pacifié, raison pour laquelle sans doute c'est d'apparition souvent un peu tardive.

L'abondance, le corps pacifié, sont les antithèses ultimes, les oppositions indépassables des violences faites aux filles. Imposer à la fille par la force que son sexe ait telle forme et soit mis à la disposition de tel(s) homme(s), annuler donc toute liberté pour elle de désirer à sa façon, est tenter aussi de lui interdire cet accès à un féminin désirant, heureux de l'être.

Ledit mystère de la jouissance féminine de débordement est comme un savoir caché traversant la sexualité et dont peu de femmes, dit-on, disposeraient – on comprend pourquoi. C'est là pourtant, évidemment, depuis toujours, au même titre que l'éjaculation masculine. Des hommes depuis toujours savent que cela existe. Ont-ils été à leur tour débordés par la découverte ? inquiétés ?

Je ne peux m'empêcher de faire le lien avec la couture des vagins imposée par l'infibulation.

On clôt le lieu de cette jouissance, on l'interdit, on le ferme. On ne laisse qu'un trou infime pour le passage de l'urine et du sang des règles. Personne n'évoque jamais de voir passer aussi par cet orifice l'eau de jouissance, et pour cause. Comment une femme infibulée connaîtrait-elle ce plaisir ?

J'en suis venue à formuler l'hypothèse que, devant cette abondance surgissant sans que ni l'homme ni la femme en aient la maîtrise, quelque chose est venu dans l'ordre du masculin tenter de l'empêcher. L'interdire. Le rendre impossible. Mais comment rendre impossible quelque chose dont on n'a pas la maîtrise ? Il faut attaquer ce corps, attaquer ce sexe, attaquer cette capacité désirante, cette expression d'ouverture du corps à ce plaisir en soi dont on ne sait rien, qui existe pourtant, se manifeste par cette eau.

Toute fille dispose en soi de la possibilité au moins de cette abondance. Toute fille en est le signe, même la plus pauvre. Même la fille la plus pauvre est signe que cette abondance existe. Il faut entendre ce que ça dit, ce que ça fait.

Toute fille est du côté d'une possible abondance, c'est ce que montrent entre autres ces spectaculaires capacités de retournement, résilience, récupération, combativité, créativité, y compris psychique, dès lors que quelqu'un tend la main pour l'aider à quitter les situations d'oppression dans lesquelles elle se trouve.

C'est ce que montrent aussi ces figures parfois si jeunes, presque enfantines, de filles qui, n'entendant que leur vigoureux désir de vivre, s'échappent par leurs seuls courage et force vitale de situations intenables et vont ensuite, à leur tour, défendre celles qui n'ont pu le faire.

Rendre libre, en d'autres termes, l'énergie de ce féminin se constituant renforcerait nos capacités collectives à combattre, venir à bout d'entraves aussi nocives pour les filles que pour les garçons, pour les hommes que pour les femmes, pour les destins individuels que pour nos destins collectifs.

La force vitale est une abondance. L'abondance est une force vitale. L'une accroît l'autre.

Être une fille est pouvoir, en soi, dans ce que l'on est, disposer de l'une comme de l'autre.

Que ce récit-là l'emporte sur tous ceux qui les condamnent, nous y avons tous à gagner. Je nous le souhaite.

NOTES

Première partie : Des violences au long de l'enfance

I. C'est une fille : les trois mots les plus meurtriers du monde

1. https://www.fertility-docs.com/.
2. ACHR : Asian Center for Human Rights.
3. https://www.visiondumonde.fr/.
4. www.consoglobe.com/arbres-femmes-inde-piplantri-cg.
5. Interview Assiout, 13 novembre 2018.
6. Manon Loizeau et Alexis Marant, *La Malédiction de naître fille*, prix Albert-Londres 2006.
7. *Le Scandale des bébés-poubelles*, documentaire de Celia Mercier, 30 mai 2010, Tony Comiti Prod.
8. Gita Aravamudan, *Disappearing Daughters : The Tragedy of Female Foeticide*, Penguin India, 2007.

II. Attaquer la fille, attaquer le sexe de la fille

1. Zorica Mršević, « Inceste et patriarcat en Yougoslavie ».
2. Interview, 14 novembre 2018.
3. « Guerre contre le viol », Nasreen Welfare Trust – Legal Aid Services (NWT, Services d'aide juridique) and

Equality Now (Égalité maintenant) (women's rights organization War Against Rape – WAR –, Lahore).

4. The UK & Ireland Database.

5. *A Thousand Girls Like Me.*

6. Unicef Global Data Bases, février 2018.

7. Radhika Coomaraswamy, rapporteuse spéciale de l'ONU pour la violence contre les femmes, 31 janvier 2002.

8. Radhika Coomaraswamy, rapporteuse spéciale de l'ONU pour la violence contre les femmes, 31 janvier 2002. M.A. Gibson *et al.*, « Indirect questioning method reveals hidden support for female genital cutting in South Central Ethiopia », 2 mai 2018.

9. www.unfpa.org.

10. *Le Figaro*, 6 février 2016.

11. www.levif.be, 10 juillet 2018.

12. Interview 25 juillet 2018.

13. https://www.pourquoidocteur.fr/Femme/9729-Excision-quand-la-chirurgie-repare-les-femmes-mutilées, 6 février 2015.

14. « À Sô-Ava, cité lacustre du Bénin, la lutte s'organise contre les mariages précoces », *Le Monde*, 22 octobre 2017.

15. ONG End Slavery Now, « Forced Marriage », 2018, http:// www.endslaverynow.org.

16. UNFPA.

17. End Slavery, *op. cit.*

18. unfpa.org, « Cinq choses à savoir sur le mariage d'enfants », 1er janvier 2018.

19. UNFPA, 6 septembre 2017.

20. www.plan-international.fr.

21. CNCDH, Avis « Lutte contre les violences sexuelles : une urgence sociale et de santé publique, un enjeu pour les droits fondamentaux », 20 novembre 2018.

22. Childline, ONG avec ligne de téléphone gratuite 24 h/24 pour victimes et témoins.

23. AFMTV, Association française mémoire traumatique et victimologie.

24. https://www.rainn.org/about-sexual-assault.

25. Rapport Human Rights Watch, « Ils m'ont dit de garder le silence », 4 septembre 2018.

26. Global Report 2017, Ending Violence in Childhood, www.knowviolenceinchildhood.org.

27. *Madame Figaro*, 6 mai 2015.

28. Unesco, « Lutte contre la violence de genre en milieu scolaire », 2017.

29. « Les violences basées sur le genre à l'école en République centrafricaine », *Recherches & Éducations*, juin 2013.

30. Film de Manon Loizeau, 2017.

31. « La violence sexuelle comme arme de guerre », Unicef, 1996.

32. Stephanie Sinclair, tooyoungtowed.org.

33. « Mesures extrêmes : abus contre des enfants détenus au nom de menaces à la Sûreté nationale ».

34. Fédération internationale des droits de l'homme, « Hypocrisie au sommet de l'État : les violences sexuelles commises par les forces de l'ordre en Égypte », mai 2015.

35. Annick Cojean, *Le Monde*, 16 juillet 2013.

III. La traite des filles

1. Voir le chapitre « Égypte », p. 225.

2. Interview du 1er mars 2019.

3. UNODC, *Global Report on Trafficking in Persons*, 2018.

4. M.G. Giammarinaro, « End of Visit Statement, Nigeria » (3 au 10 septembre 2018), https://www.ohchr.org.

5. Interview M.F., février 2019.

6. Interview, janvier 2019.

7. C. Zimmerman *et al.*, « Stolen, Smiles : The Physical and Psychological Health Consequences of Women and Adolescents Trafficked in Europe », 2013.

8. In « Trafficking in Human Being Amounting to Torture and other Forms of Ill-Treatments », OSCE, 2013.

9. Estimations mondiales de l'esclavage moderne, OIT, Walk Free, 2017.

10. Voir le chapitre « États-Unis », p. 203.

11. Omar Brouksy, *Le Monde*, 30 juin 2016.

12. Conseil des droits de l'homme, Rapport de la rapporteuse spéciale sur les formes contemporaines d'esclavage, y compris leurs causes et leurs conséquences, concernant sa mission au Paraguay, 20 juillet 2018.

13. Global Voices, 15 décembre 2016.

14. LaLibre.be, 25 février 2017.

15. www.plan-international.fr.

16. https://plan-international.org/nepal.

17. https://www.plan-international.fr/info/actualites/blog/2016/03/ancienne-travailleuse-sexuelle-je-suis-desormais-electricienne.

18. Arièle Bonte, *Madame Figaro*, 12 novembre 2015.

19. *The Sunday Times*, 1er octobre 2017.

20. « Identifying and exploring the nexus between human trafficking, terrorism and terrorism financing », CTED, février 2019.

21. Département d'État des États-Unis, 2015.

22. *Idem.*

23. « Mineures à vendre », *Investigations*, 22 mars 2017.

IV. Le meurtre dit « de l'honneur »

1. *Hindustan Times*, 19 septembre 2017.

2. http://www.memini.co/, site de souvenir des femmes tuées dans des crimes dits « de l'honneur ».

3. Créée en 2001 à Lausanne, la fondation Surgir se bat contre les violences coutumières subies par les fillettes et les femmes.

4. « Selected International Human Rights Material Adressing "Crimes of Honour" », 2003.

5. Mohammed Bara Abu Anzeh, *Le Crime d'honneur en droit pénal jordanien*, 2015.

6. HBVAN, Honour Based Violence Awareness Network.

V. Déplacées, violées, oubliées : la double peine des filles dans les crises

1. *The Telegraph*, 4 décembre 2017.

2. www.plan-international.fr.

3. Nom modifié.

4. http://www.gethinchamberlain.com/investigations/why-climatechange-is-creating-a-new-generation-of-child-brides/, 26 novembre 2017.

Deuxième partie : Une géographie des violences

I. France

1. Unicef, *A Familiar Face : Violence in the lives of children and adolescents* (« Un visage familier, la violence dans la vie des enfants et adolescents »), novembre 2017.

2. Camille Kouchner, *La Famiglia grande*, Seuil, 2021.

3. Voir *Peau d'âne et l'ogre, inceste et viol sur mineurs en France*, Albin Michel, 2021.

4. En 2011, la Convention européenne pour l'élimination des violences faites aux femmes incite la France à mesurer les violences, in *Rapport d'information à l'Assemblée nationale*

sur le viol, par Mme Sophie Auconie et Mme Marie-Pierre Rixain, députées, 22 février 2018.

5. 70 % des affaires sont classées sans suite, souvent faute de preuves suffisantes, et sur les 30 % instruites, 50 % sont correctionnalisées, c'est-à-dire jugées comme délits et non comme crimes, au tribunal correctionnel et non aux assises.

6. ANRS, INSERM, INED, https://www.ined.fr/fr/publications/editions/coeditions/enquete-sur-la-sexualite-en-france/, 2008.

7. https://www.egalite-femmes-hommes.gouv.fr/publications/droits-des-femmes/lutte-contre-les-violences/lettres-de-lobservatoire-national-des-violences-faites-aux-femmes/.

8. https://stop-violences-femmes.gouv.fr/Les-chiffres-de-reference-sur-les.html.

9. Mission interministérielle pour la protection des femmes contre les violences et la lutte contre la traite des êtres humains : instance chargée en France de « rassembler, analyser et diffuser les informations et données relatives aux violences faites aux femmes ».

10. Voir le chapitre « Inceste », p. 66.

11. Marie Romero, « L'inceste et le droit pénal français contemporain : lorsque l'application du droit dans les tribunaux révèle une indicible frontière », revue *GLAD !* sur le langage, le genre, les sexualités, mai 2018.

12. Irène Théry, « Les trois révolutions du consentement : Pour une approche socio-anthropologique de la sexualité », in *Actes du XXXIII*^e^ *Congrès français de criminologie*, Dalloz, 2002, p. 46.

13. Interview du 12 mars 2019.

14. Réalisé par Audrey Gloaguen, voir sur https://www.youtube.com/watch?v=kOm4BtAEDV8.

15. Service national d'accueil téléphonique pour l'enfance en danger.

16. Association internationale des victimes d'inceste.

17. Sylvie Cromer, auteure du rapport, directrice de l'Institut du genre, lejournal.cnrs.fr, 16 octobre 2017.

18. Rapport d'information n° 289 (2017-2018) de Mme Marie MERCIER, fait au nom de la commission des lois, déposé le 7 février 2018.

19. Enregistré à la présidence de l'Assemblée nationale le 13 avril 2011.

20. *Madame Figaro*, 10 avril 2015.

21. Discours d'Emmanuel Macron à l'occasion de la journée de lutte contre les violences faites aux femmes, le 25 novembre 2017.

22. Groupe pour l'abolition des mutilations sexuelles, des mariages forcés et autres pratiques traditionnelles néfastes à la santé des femmes et des enfants.

II. États-Unis

1. Thompson Reuters Foundation, « The world's most dangerous countries for women 2018 », http://poll2018.trust.org/.

2. Voir p. 47-48.

3. Statistiquement, les États-Unis se classent en tête de la liste des pays dont les habitants tuent leurs enfants. Pour les nourrissons de moins de 1 an, le taux d'homicides est le onzième du monde, alors que pour les enfants de 1 à 4 ans il est le premier, et pour les 5 à 14 ans il est quatrième.

4. Susan Hatters Friedman, Phillip J. Resnick, « Mothers who Kill », *Behavioral Sciences & the Law*, 2012.

5. Mia Fontaine, « America Has an Incest Problem », *The Atlantic*, 24 janvier 2013.

6. The National Sexual Violence Resource Center (NSVRC).

7. Georgia State University, « Child Sexual Abuse in the United States is Costly », *Science Daily*, 29 mars 2018.

8. 21 avril 2017.

9. Jeanne Smoot, du Tahirih Justice Center, in « Des mineurs se marient à 14 ans à New York », *Le Temps*, 6 mars 2017.

10. https://www.ctdatacollaborative.org/.

11. National Center for Missing and Exploited Children.

12. Interview de Richard M., Genève, février 2019.

13. http://rights4girls.org/wp-content/uploads/r4g/2018/10/Native-women-and-girls-and-SV-LB-edits-PDF.pdf.

14. Karla Jacobs, *Washington Examiner*, 30 janvier 2019.

15. Population Reference Bureau, « Women and Girls at Risk of Female Genital Mutilation/Cutting in the United States », 5 février 2016.

16. Ophélie Ostermann, *Madame Figaro*, 26 avril 2016.

III. Inde

1. « Female Infanticide Worldwide : The Case for Action by the UN Human Rights Council », Asian Centre For Human Rights, juin 2016.

2. Macha Séry, *Le Monde*, 11 octobre 2013.

3. *The Hindu*, 9 octobre 2012, « India loses 3 million girls in infanticide ».

4. Himanshi Dhawan, *The Times of India*, 23 janvier 2015.

5. Mannat Mohanjeet Singh, Shradha S. Parsekar et Sreekumaran N. Nair, « An Epidemiological Overview of Child Sexual Abuse », *Journal of Family Medicine and Primary Care*, octobre-décembre 2014.

6. Centre pour la guérison et la prévention des abus sexuels envers les enfants.

7. Mélissa Becquet, positivr.fr, 14 avril 2017.

8. apneaap.org.
9. *Courrier international*, 4 avril 2012.

IV. Égypte

1. Claire Talon, *Le Monde*, 30 juin 2012.

Conclusion

1. « Report of the Secretary-General on Conflict-Related Sexual Violence », SG-REPORT-2017-CRSV-SPREAD.pdf, 16 avril 2018.

REMERCIEMENTS

Pour que ce livre existe, il a fallu des gens à mes côtés ; jamais il n'aurait vu le jour sans l'aide, le soutien, la présence pour moi indispensables d'individus en admettant d'emblée la nécessité, la difficulté, et décidant de m'y accompagner chacun.e à sa manière.

Je remercie en tout premier lieu Jean-Claude Milner d'avoir d'origine saisi ce que je voulais tenter de faire, de m'avoir aidée à le penser.

Je remercie Gérard de Cortanze d'avoir porté le projet chez Albin Michel. Merci à mon éditrice Mathilde Nobécourt pour sa présence constante. Merci à Marcello de m'avoir accompagnée et soutenue jusque dans des aéroports improbables…

Je remercie très chaleureusement les femmes de haute Égypte qui ont accueilli sans sourciller ma présence et toutes mes questions ; merci à Eslam de les avoir traduites. Merci à Hayat, Hadda et M. Elkhal de m'avoir accompagnée auprès des hommes et femmes du Haut-Atlas. Je remercie également chaleureusement pour leur accueil Frederique Martz, présidente de Women Safe et le docteur Pierre Foldès, qui répare les sexes mutilés, ainsi que les femmes du groupe de parole ; de même que le GAMS.

Merci particulièrement à Maria Grazia Giammarinaro, à maître Zimeray, à Cécile Riou.

Merci à Éva de m'avoir lue, soutenue. Merci à mon fils pour ses encouragements.

Table

DEUXIÈME PARTIE

Une géographie des violences

DE LA MÊME AUTEURE :

La Fracture algérienne, Calmann-Lévy, « Questions d'actualité », 1991.
L'Hypothèse du désert, Gallimard, 1996.
La Vie, là-bas, comme le cours de l'oued, Gallimard, 1997.
Blue Moon, Gallimard, 1998.
La Part belle, Gallimard Jeunesse, « Frontières », 1999.
Les Innocents, Gallimard, 2000.
La Confusion du sourire, Inventaire/Invention « Textes », 2001.
Lagos, la tropicale, avec Tony Soulié, Garde-Temps, 2002.
De chape et de plomb, Gallimard, 2002.
The Dark Side of the Moon, Actes Sud, « Domaine français », 2004.
Aimé, Actes Sud, « Domaine français », 2005.
L'Inconfort des ordures, Actes Sud, « Babel noir », 2006.
La Corpulence du monde, Seuil, « Cadre rouge », 2008.
Conte d'exploitation. Actes Sud, « Actes noirs », 2011.
Franz Stangl et moi, Stock, « La bleue », 2011.
Le Piège des loups. Les 175 maisons de la Gestapo en France, Stock, 2012.
Partir, Calcutta, Verdier, 2014.
Tendres rumeurs, Sonneur, 2015.
Dans nos langues, Verdier, 2018.
Peau d'Âne et l'ogre, Albin Michel, 2021.

PAPIER À BASE DE FIBRES CERTIFIÉES

Le Livre de Poche s'engage pour l'environnement en réduisant l'empreinte carbone de ses livres. Celle de cet exemplaire est de :
200 g éq. CO_2
Rendez-vous sur www.livredepoche-durable.fr

Composition réalisée par Belle Page

Achevé d'imprimer en France par
CPI BRODARD & TAUPIN (72200 La Flèche)
en avril 2021
N° d'impression : 3043207
Dépôt légal 1re publication : mai 2021
LIBRAIRIE GÉNÉRALE FRANÇAISE
21, rue du Montparnasse – 75298 Paris Cedex 06